Peter the Great

Jacob Abbott

彼得大帝

近代化改革与帝国拐点
全景插图版

[美]雅各布·阿伯特 著

武凌云 译

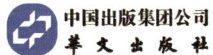

图书在版编目（CIP）数据

彼得大帝 / (美) 雅各布·阿伯特著; 武凌云译. -- 北京: 华文出版社, 2017.6（2021.1 第3次印刷）

（美国国家图书馆珍藏名传）

ISBN 978-7-5075-4695-8

Ⅰ.①彼… Ⅱ.①雅… ②武… Ⅲ.①彼得一世 (Peter Ⅰ 1672—1725)—传记 Ⅳ.①K835.127=4

中国版本图书馆CIP数据核字(2017)第139676号

彼得大帝

作　　者：	[美] 雅各布·阿伯特
译　　者：	武凌云
选题策划：	盛世
插图供应：	18629596618
责任编辑：	胡慧华
出版发行：	华文出版社
社　　址：	北京市西城区广外大街305号8区2号楼
邮政编码：	100055
网　　址：	http://www.hwcbs.com.cn
电　　话：	总编室010—58336239　发行部010—58336212
	责任编辑010—58336197
经　　销：	新华书店
印　　刷：	北京画中画印刷有限公司
开　　本：	880×1230　1/32
印　　张：	9
字　　数：	165千字
版　　次：	2017年7月第1版
印　　次：	2021年1月第3次印刷
标准书号：	ISBN 978-7-5075-4695-8
定　　价：	45.00元

版权所有　侵权必究

出版说明

《美国国家图书馆珍藏名传》共 22 册,作者是美国著名历史学家、教育家雅各布·阿伯特。他以独特的视角研究公元前 7 世纪到公元 18 世纪两千五百年的世界史,最后写出了这套影响深远的人物传记。读者能通过阅读这些风云人物,更好地理解那段历史、那段时光,这是我们出版这套书的最大良善。为更好地使读者全面了解该丛书,现作如下说明:

一、关于版本。据不完全统计,这套丛书的英文版多达上百个。其中,以哈珀兄弟出版公司于 1904 年出版的版本最具代表性和权威性。本丛书正是根据该版翻译而成,以保证版本的质量。

二、关于插图。这些人物距现代已经很久远了。读者可能会问:他们长什么样子?穿什么衣服?仗是如何打的?外交是如何谈的……为了让读者更形象地了解当时的历史,我们精心为各书选配了约百幅插图。这些插图包括但不限于油画和版画。我们希望，通过品味插图的艺术之美，读者获得一种不是穿越胜似穿越的强烈体验，从而更好地对当时的风土人情有更直观的体察。

三、关于注释。为了确保内容的正确性、权威性，版权方进行了大量的考证工作。考证的结果以注释的形式体现。另外，内文中很多涉及地图的地方，我们尽量尊重作者尊重历史保存原貌，如有出入，请读者认真分辨。

四、关于译者。本丛书由多所大学的一线英语老师及教授翻译而成。各位老师治学严谨，文笔优美，为确保丛书的质量奉献良多。在此，深表敬意。

尽管出版前我们做了许多工作，但不足之处实难避免，欢迎读者朋友多提宝贵意见。

译者序

《美国国家图书馆珍藏名传》是一套畅销于美国,深受美国几代人喜爱,了解世界著名帝王将帅人生大故事的丛书。这套书自在美国出版以来,以适读、耐读而享有盛名,也是由美国国家图书馆全套珍藏的传记读物。

《彼得大帝》是丛书的一种,以罗曼诺夫王朝彼得大帝辉煌壮丽的一生为主线,生动地再现了十七、十八世纪之交的俄罗斯帝国近代化改革。彼得之父去世后,索菲亚公主摄政。然而,随着时间的推移,宫廷斗争和贵族矛盾愈演愈烈。最终,倒索菲亚派取得胜利。彼得正是在这场政变中登上皇位的,帝国出现了两位君主共治的局面。伊凡驾崩后,彼得成为唯一的皇帝。亲政后,他大权独揽,朝纲独断。为了改变帝国落后的局面,他不顾贵族们的反对,坚持向西欧各国学习,引入科技人才和先进技术,掀起了轰轰烈烈的近代化改革。于是,帝国出现了由封建时代向资本主义时代发展的拐点，改革使帝国迅速崛起。随着国富兵强，彼得发动了争夺出海口的战役，与瑞典鏖战多年，最终取得决定性胜利。彼得大帝就算是一国雄主，也没有完美的人生。长子的贪婪、无能和背叛沉重地打击了他。随着阿克列谢的死亡，他陷入深深的悲痛。最终，在病痛的折磨下，他带着无穷的遗憾离开了世界。然而，他的事业没有终结，而是得到了继承和发展，使俄罗斯民族傲然立于世界民族之林。

  在翻译的过程中，我怀着对经典的崇拜之情，悉心查阅了大量资料，谨小慎微，唯愿将这部作品尽善尽美地呈现于读者面前，然而疏漏与有待商榷之处在所难免，望读者朋友批评指正，不胜感激！

武凌云

于西北师范大学

原序

彼得大帝的名字几乎无人不知，人们普遍认为他是俄罗斯文明的创建者。然而，这位伟大的俄罗斯君主之所以在年轻人中享有很高的声誉，很大程度上是因为他亲自去荷兰，将工业化的技艺引进俄罗斯，亲自学习造船技术，并亲手在造船厂做工。如今，彼得曾经实地学习过的小作坊依然保留在一个离阿姆斯特丹不远的以造船业为主的小镇——萨丹。这是一栋木结构的小屋，如今已经很破败了；为了防止它毁掉，小屋的外面被加盖了一层稍大点儿的砖结构建筑，每年有大量好奇的游客来此参观。

正如您从本书主人公的生平事迹中能看到的，彼得的人生传奇就是一个生动的励志故事。

目 录

第一章　索菲亚公主 ································· 001

彼得的出身——他父亲的两次婚姻——父亲之死——公主们——她们隐居的住所——西奥多和伊凡——苏菲亚在修道院蠢蠢欲动——嫉妒和猜忌——党派形成了——皇家禁卫军——索菲亚和士兵——索菲亚又成功了——西奥多之死——宣布彼得继位——索菲亚的阴谋——革命——彼得和母亲——圣三一修道院——娜塔莉亚出逃——彼得九死一生——城市暴乱——索菲亚失败了——赫万斯基的阴谋——索菲亚试图安抚士兵——赫万斯基的观点——他为儿子安排婚姻的计划——索菲亚大怒——赫万斯基中计——伽立津

第二章 | 索菲亚公主垮台 ······················· 019

　　索菲亚的权力巅峰——军队远征——鞑靼人的可汗——马泽帕——他的出身和生平——他遭受的惩罚——后来的故事——战争失败——索菲亚的巧妙策略——给军队的奖励和荣誉——反对派——他们的计划——计划结婚的原因——未婚妻——政治家们的动机——彼得结婚的影响——彼得的乡间行宫——伽立津归来——索菲娅公主的恐慌——哥萨克人——索菲亚的阴谋——卫队的指挥官——伽立津王爷——阴谋的细节——阴谋被发现——派遣使者——哨兵——分遣队的士兵来了——彼得的避难所——索菲亚的虚伪——卫兵——索菲亚试图控制他们——他们追随彼得——索菲亚的惊恐——她的第一个代表团——代表团失败了——索菲亚求助主教——他的使命失败了——索菲亚绝望了——她最后的计划——她被拒绝进入修道院——要求交出沙克洛维特——他被投入监狱——他被施刑——他的供词——他们的价值——所施刑法的种类——各种刑罚——伽立津被流放——他的儿子和他承受相同的命运——对沙克洛维特的处罚——对索菲亚的决定——彼得公开进入莫斯科——他取得独一无二的统治权——伊凡的性格和状况——索菲亚的结局

第三章 | 彼得的青少年时期 ······················· 041

　　家族的动荡时期——彼得的第一任家庭教师——他的资历——彼得早期的学习——性情与性格——嫉妒彼得的索菲亚——败坏彼得道德的计划——家庭教师被解雇——采纳的制度——索菲亚的希望——彼得的50个玩伴——阴谋失败——彼得建立军校——彼学以致用的技工——他的想法与意图——他的鼓声——他的手推车——学校的进展——彼得旺盛精力的结果

第四章　列福尔特和缅希科夫 ······ 051

人生成功的条件——挑选大臣——建造房屋——成功的秘诀——青年彼得——列福尔特和缅希科夫——阿姆斯特丹的商人——账房中的列福尔特——前往哥本哈根——熟知军务——大使——做翻译的列福尔特——引起皇帝注意——他明智的答案——沙皇很满意——大使的见解——酒——列福尔特投向沙皇——当庭任命——后来的生涯——军服——列福尔特的建议——大使队伍——惊奇快乐的沙皇——列福尔特承担的使命——制作军服——组建一支军队——军队在皇帝面前露面——结果——提议新改革——变革——关税改制——改革的效果——财政状况——引进木匠和泥瓦匠——新宫殿——列福尔特与日俱增的影响力——他的宽宏大量——彼得脾气暴躁——调停者列福尔特——缅希科夫王子——他早期的故事——追求前程——他的糕饼——与皇帝谈判——列福尔特连队中的缅希科夫——缅希科夫的真实性格——彼得与妻子的争吵——引起争吵的原因——欧多克亚的悲惨命运——彼得的性格严重缺陷

第五章　亲政之初 ······ 071

至高无上的权力——领土的扩张——赴华大使——西伯利亚——寒冷的气候——流放——西方文明——造船——荷兰造船厂——萨尔丹镇——乡下行宫的游艇——沙皇的第一批船舶——和亚速的海战——炮兵的背叛——土耳其舰队——攻下亚速——沙皇名声大震——他计划组建一个舰队——反对派——不满者的争论——人们的宗教情怀——主教——一个阴谋——莫斯科人的恐慌——现代城市——屠杀外国人的计划——彼得的举措——背叛者的惩罚

第六章 ｜ 沙皇的游历 ··· 087

　　游历的目标——沙皇匿名出行——摄政团——部署卫兵——大使团离开莫斯科——里加——禁止参观防御工程——抵达哥尼斯堡——大使团浩浩荡荡入城——青年侍从——好奇的人们——护卫队——街上的人群——大使团抵达住所——围观者——礼物——沙皇送来的信——国王的答复——盛大的宴会——大使团的影响——浩浩荡荡进入荷兰——彼得悄悄进入阿姆斯特丹——荷兰人的观念——沙皇的住所——东印度公司——彼得去做工——彼得对机械学的兴趣——船厂里的工人们——彼得拜访阿姆斯特丹的朋友——富有的商人——彼得的行为和性格——海牙——海牙的大使团

第七章 ｜ 游历结束 ··· 105

　　不同国家的造船业——彼得决定出访英国——威廉国王支持彼得的计划——彼得离开荷兰——海勒福特斯勒斯——抵达英国——伦敦的接待仪式——利兹的公爵——伯内特主教——上帝的设计——彼得主教的对话——彼得住到"桥下屋"——彼得参观伦敦塔——聘用工匠——彼得参观朴次茅斯和斯皮特黑德——斯皮特黑德的情形——壮观的皇家海军——一艘游艇作为礼物——前往荷兰的航行——彼得重新加入大使团——神圣罗马国皇帝利奥波德——彼得与神圣罗马帝国皇帝的会面——盛宴与庆典——仪式——坏消息——计划改变——返回莫斯科

第八章 ｜ 叛乱 ··· 117

　　沙皇的预防措施——彼得的狂怒——阴谋——禁卫军的借口——军队出发——莫斯科的警报——戈登将军——和叛军谈判——教堂的影响——站

在叛军一方的神职人员——保守主义——俄国的神职人员——准备战斗的军队——叛乱分子被击败——大屠杀——彼得抵达莫斯科——彼得亲自执行死刑——禁卫军——绞刑架——给索菲亚写演讲词的人——沙俄的老牌贵族——工匠们抵达莫斯科——索菲亚的隐退——索菲亚之死

第九章 | 改革 ·················· 127

彼得开始推行改革——军队改建——改变着装——军官——新的任命——沙皇的动机和目标——税收方式——神秘的力量——常备军的管理——妙计——专治对自由——美国人民的政策——常备军——虚弱的美国政府——人民保留权力——彼得的政策——教会——神职人员的保守主义——大主教——古老的风俗——游行中的沙皇——徽章——彼得对这件事的反思——彼得的决心——他谨慎行事——和主教的较量——彼得获胜——其他改革——征税——新的税收体制——人们的行为举止和习俗惯例——胡子——禁止穿长袍——滑稽的效果——弄臣的婚姻——古怪的袖子——使用袖子的方式——街上的波雅尔——一侍从队伍——彼得改革了整个体制——沙皇的动机——他改革的最终成果

第十章 | 纳尔瓦之战 ·················· 141

和瑞典战争的开端——和土耳其人和解——查理十二世——纳尔瓦之围——边界——战争计划——愤怒的瑞典国王——荷兰和英国的抗议——里加的瑞典国王——处于下风的沙皇——克罗伊将军——他的计划——国王的行动——突袭和击败俄军——可怕的屠杀——处理俘虏的奇怪计划——新的计划和安排

第十一章 ｜ 营建圣彼得堡 ·············· 151

战争的持续——瑞典人的策略——独特的船——制造烟雾——彼得决定建造一座城——选址——彼得第一次去涅瓦河——喀琅施塔得——计谋——夺岛之战——彼得考察位置——机械师和工匠——建造之初——码头和堤坝——宫殿——供给短缺——随之发生的疾病——瑞典国王所说的话——地图——喀琅施塔得的地理位置——彼得计划建造堡垒——来自瑞典的危险——袭击计划——瑞典人被打败

第十二章 ｜ 马泽帕的叛乱 ·············· 165

战争的进程——彼得的舰队——瑞典国王的胜利——彼得希望停战——回复——计划改变——马泽帕和哥萨克人——改造哥萨克人的提议——马泽帕反对沙皇的提议——争吵——马泽帕的谋反计划——阴谋被击破——沙皇的预防措施——马泽帕的计划——步步为营——他把侄子送到沙皇那里——特使被逮捕——哥萨克人的暴动——阴谋失败——对马泽帕的审刑——雕像——对雕像施刑——推选新酋长

第十三章 ｜ 波尔塔瓦战役 ·············· 173

瑞典人的入侵——在俄国的扩张——临时铺就的道路——波尔塔瓦——著名的战役——波尔塔瓦的地理位置——波尔塔瓦被围——缅希科夫——军事策略——缅因科夫大获全胜——查理国王受伤——沙皇前往波尔塔瓦——瑞典国王决定进攻俄军营地——战争在即——沙皇的军衔——他向军队致辞——担架——战争——国王的勇气和坚持——瑞典军队被击败——侥幸逃命的沙皇——他发现残破的担架——查理国王逃脱——可怕的失败——国王冒险逃跑——他现在提出和解——国王的追随者——彼得的回

复——国王的马车——逃到土耳其边境——军队撤退时遭受的痛苦——派去土耳其边境的代表——对信使的接待——收集船舶——渡河——饮酒作乐——瑞典军队的命运——俘虏——沙皇的轶事趣闻——沙皇的习惯——对俘虏的处置——瑞典国王的冒险经历——沙皇晋升军衔

第十四章　叶卡捷琳娜皇后 ………………………… 189

与瑞典交战期间——叶卡捷琳娜——她的出身——贫困——她仁慈的老师——格鲁克先生——她去马林堡——她的性格——在马林堡的生活方式——她的爱人——叶卡捷琳娜结婚——城市被包围——叶卡捷琳娜成了俘虏——她的忧虑和悲伤——俄国将军——叶卡捷琳娜获救——她服侍将军——缅希科夫见到她——被转给缅希科夫——被转给沙皇——秘密结婚——沙皇陷入险境——叶卡捷琳娜在军营——行贿——叶卡捷琳娜救出丈夫——首相的借口——决定公开举行婚礼——婚礼安排——小女傧相——婚礼——仪式和庆典——叶卡捷琳娜的儿子出生——这件事的重要意义——受洗——馅饼里的侏儒——叶卡捷琳娜对丈夫的影响——她的权力产生的影响——彼得的嫉妒——可怕的惩罚——叶卡捷琳娜对彼得的好处——她不完善的教育——她最终登上皇位

第十五章　阿列克谢王子 ………………………… 203

阿列克谢的出生——父亲的希望——阿列克谢享受的特权——阿列克谢返回俄国——她遭受的苦难——沙皇的不满——儿子的出生——残忍地漠视——阿列克谢的妻子派人请沙皇——临终时的情景——侍从们的悲伤——公主的绝望——高贵的地位不能保证幸福——彼得的最后通牒——给阿列克谢的信——新的威胁——更积极的声明——阿列克谢的回复——他身体的真实状况——堕落的性格——阿列克谢的同伴和顾问——神父——阿列克谢同伙们的计划——总方针——旧莫斯科党——阿列克谢的观点——彼得的困

惑——又一个最后通牒——决裂的谈话——阿列克谢口是心非——来自哥本哈根的信——抉择——彼得不合情理的严厉——阿列克谢绝望了——阿列克谢的决定

第十六章　阿列克谢的逃亡 ………………………………… 221

阿列克谢决定逃走——阿列克谢为逃亡做准备——秘密——阿列克谢欺骗阿夫罗西尼亚——阿列克谢如何得到金钱——亚历山大·吉金——阿列克谢开始旅程——会见吉金——安排——计划成熟——吉金狡猾的计谋——伪造的信——吉金和阿列克谢协调他们的计划——被拦截的可能——更多的谎言——抵达维也纳——沙皇派人接回阿列克谢——和使臣的会面——阿列克谢的威胁——返回那不勒斯——圣·艾尔莫——旷日持久的协商——阿列克谢最终决定返回——他写给父亲的信——阿列克谢交出自己

第十七章　审判 ………………………………………………… 231

父亲就阿列克谢回国发表宣言——阿列克谢和父亲的面谈——沙皇的愤怒——刺激沙皇的根本原因——召集大会——朝堂上的一幕——有条件的赦免——阿列克谢的谦恭——秘密谈话——阿列克谢被剥夺皇位继承权——新的皇位继承人——宣誓——阿列克谢被囚禁——开始调查——囚犯——酷刑——逮捕吉金——侍从——他未能及时提醒吉金——给囚犯定罪——执行——阿列克谢不诚实的供词——他过分的做法——审查的结果——对阿列克谢不利的证据——一份供词——阿夫罗西尼亚的证词

第十八章 | 阿列克谢之死 …… 241

阿列克谢的条件——两个法庭——权力——沙皇要求做出判决——他对两个委员会的致辞——神职人员的考虑——他们的答案——他们引用圣经中的话——主教的谨慎措辞——他们建议宽恕和仁慈——阿列克谢的其他供词——神父——托尔斯泰被派去面见阿列克谢——沙皇的三个问题——阿列克谢的回答——他讲述自己接受教育的方式——他对父亲的感觉——委员会的决定——赦免——取消赦免——最后的判决——签名——7月6日——沙皇的心理斗争——阿列克谢被带来聆听判决——被恐惧击垮——他父亲的探望——悲伤的场景——阿列克谢第二次请求父亲去看他——他的死亡——沙皇的通知——他的遗体被庄重地安置在圣三一修道院——传言——葬礼——反对党被粉碎——阿列克谢的母亲——阿夫罗西尼亚——沙皇赦免她

第十九章 | 彼得大帝驾崩 …… 259

小彼得的死亡——沙皇的过度悲伤——沙皇把自己关起来——大臣的策略——后来的统治——他对继位权的计划——要求人们发誓——纳雷仕金王子——公告——叶卡捷琳娜的作用——奢华的加冕礼——教堂的内部——讲台——天篷——仪式——彼得生病去世娜塔莉亚——两人的葬礼——彼得的性格——和其他君主的对比——幽默的性格——例子——小祖父——被送到喀琅施塔得——欢快的游行队伍——庆典结束——叶卡捷琳娜被宣布为女皇——叶卡捷琳娜的短期统治——她仁慈的性格

附 录 | 专有名词英汉对照 …… 271

第一章

索菲亚公主

精彩看点

彼得的出身——他父亲的两次婚姻——父亲之死——公主们——她们隐居的住所——西奥多和伊凡——苏菲亚在修道院蠢蠢欲动——嫉妒和猜忌——党派形成了——皇家禁卫军——索菲亚和士兵——索菲亚又成功了——西奥多之死——宣布彼得继位——索菲亚的阴谋——革命——彼得和母亲——圣三一修道院——娜塔莉亚出逃——彼得九死一生——城市暴乱——索菲亚失败了——赫万斯基的阴谋——索菲亚试图安抚士兵——赫万斯基的观点——他为儿子安排婚姻的计划——索菲亚大怒——赫万斯基中计——伽立津

第一章 索菲娅公主

彼得继位的过程很不寻常，事实上从有些方面甚至可以说具有强烈的传奇色彩。

彼得的父亲是俄国沙皇阿列克谢·米哈伊洛维奇，1645年至1676年在位。他一生结婚两次。第一任妻子育有两子四女，两子分别是西奥多和伊凡，四女分别是索菲亚、凯瑟琳、玛丽和赛迪亚沙。他和第二任妻子育有一子一女——彼得和娜塔莉亚·阿莱索娜。在阿列克谢一世的所有子女中，我们关注最多的是他和第一任妻子所生的长子西奥多、次子伊凡和长女索菲亚，以及他和第二任妻子所生的长子彼得，即本书的主人公。阿列克谢一世的第二任妻子，即彼得的母亲，叫娜塔莉亚。

毫无疑问，父亲死后，西奥多是第一继位者。之后可能的继位者按顺序是伊凡，伊凡之后是阿列克谢后妻的儿子彼得。根据古代俄罗斯君主制的律法与惯例，沙皇的女儿没有继位权。事实上，不仅公主们被排除在继承权之外，甚至还有特殊的预防措施防止她们的儿子染指继承权。她们被禁止恋爱，为永久防止她们违反此规定，她们会被安置在修道院，不得不过隐居的生活，直到可以婚嫁的年纪。当然，公主们居住的修道院富丽堂皇，这些皇家囚徒在围墙之内过着奢华舒适的生活，这可能是为了补偿她们的隐退，而这种安抚她们的手段也永远剥夺了她们享受甜蜜爱情和幸福家庭的权利。

碰巧西奥多和伊凡体弱多病，而彼得却身强体壮。然而，按照沙皇俄国一贯的继位制度，阿列克谢一世死后，应该由西奥多继位。即便有可能从阿列克谢一世的其他儿子中间挑选继位者，彼得也没可能成为继位者，因为他年纪太小了，他父皇死的时候，他年仅四岁。他出生于1672年，而他父亲故于1676年。

此时，西奥多大约16岁，但由于年纪轻且体弱多病，他不能积极参与、管理国家政务，因此不得不把权力交给他的顾问和国务大臣。这些大臣打着西奥多的名义，按照他们自己的意愿处理所有政务。

年轻的沙皇把权力交给他的下属们，很多人对此虎视眈眈，希望也能从中分到一杯羹。而所有人中最野心勃勃的当属西奥多的姐姐——索菲亚公主。当时，按照皇家礼仪和规章制度，索菲亚一直被关在修道院。她从未安于这种被监禁的现状，热切盼望有朝一日能得到释放，想象她会在处理政务中起到举足轻重的作用。因此，她向当局提

沙皇阿列克谢一世

出申请，恳请批准她回到皇宫，探望并照顾她体弱多病的弟弟。索菲亚的申请最终被通过，她回到了皇宫，全心全意地照顾弟弟，时时刻刻守候在弟弟的床边，除了她自己，不允许任何人照顾他或给他喂药。通过展示她那貌似无私的姐姐的爱，索菲亚不仅赢得了弟弟的心，也赢得了宫中贵族们的心。

　　的确，起初索菲亚极可能真诚无私地想要照顾弟弟，去抚慰他的病痛。然而，这只是开始，一段时间后，她在宫廷获得了极高的声望和影响力，成为宫中举足轻重的人物。她是一个聪明能干的年轻女子，而且有着男子般坚强果断的性格。她的行为举止令人愉悦；她的谈吐殷勤而睿智，因此，贵族们对索菲亚予以极高的评价。

　　索菲亚在西奥多的心中也有着极其重要的位置，这件事本身也增加了她在群臣心目中的分量。他们开始认为，想要从皇帝那里得到好处，就必须先和索菲亚搞好关系。如此一来，索菲亚的影响力与日俱增，每个人都希望优先成为她最忠实的朋友。于是，大家都争先恐后地帮她巩固地位。

　　事态朝此方向顺利发展了一段时间；但最终，有人开始怀疑和嫉妒，甚至有人开始反对索菲亚。这些人主要是帝国的老牌贵族们，他们是沙皇管辖下的显赫家族的头脑，掌管着国家大权。自然，他们非常嫉妒公主获得的优越权。他们聚在一起密谋限制或控制这一事态的发展。

小时候的彼得

但是，朝廷中除了贵族之外，还有一股非常重要的力量，那就是军队。对于所有的专制政府而言，当权者必须拥有一支强大的听指挥的军队，以此来确保他的统治地位；同时，这支军队必须保持独立。此时的沙俄政府有一支非常强大的军队，由前任沙皇所创建，作为皇家禁卫军。这支军队的名称是斯特雷利茨，为了免受外来语的干扰，我们姑且称之为"禁卫军"。

当然，像这样由专治王朝组建和控制，以备非常之需的军队，很大程度上是为了捍卫主权而存在的，迟早会成为国家权力的重要组成部分。军官们自己组成一个团体，和宫中的贵族们分庭抗礼；这种情况经常导致严重的冲突甚至战争。有时候军队的力量超越了创建他们的王朝，军队的首领就会成为该王朝真正的君主。一旦有这种情况出现，这种政府就被称为"军事专制政府"。这种情况在罗马帝国时期曾出现过。当时的军队本来是朝廷当权者组建，一度对朝廷忠心耿耿，而最后却变得日益强大，不再受朝廷控制，连续推举几任将军为帝王，彻底颠覆了组建和供养他们的政府。

在莫斯科的这支军队此时就拥有着同样强大的力量和影响。索菲亚清楚地知道这支军队的影响力对她多么重要，因此她给予军官们极大的关注，不遗余力地扩大她在整个军队的知名度。结果禁卫军的将士都变成了她的朋友，而那些老牌贵族们对她充满怀疑和嫉妒，开始想方设法削减她的影响力。

第一章 索菲娅公主

尽管他们使出所有手段，索菲亚的影响力还是与日俱增，直到所有政事都在她的实际控制之下。当时的首相是一位名为伽立津的亲王，他正全力以赴地投其所好。事实上，伽立津正是通过索菲亚的影响力成为首相的。这种情况在沙俄持续了六年，然后西奥多突然发病。种种迹象表明他将不久于人世。在临终的病榻边，他的目光掠过他的弟弟伊凡，指定彼得为继位者。因为伊凡的身体极度虚弱，根本就不适合统治这样一个庞大的帝国。除了长期遭受其他多种疾病的折磨之外，伊凡还患有癫痫，这使得他完全不适合承担任何管理之类的重任。

西奥多很可能是受了反对索菲亚的贵族们的影响，才指定彼得作为他的继承人。无论如何，西奥多死后，贵族派立刻宣布年仅10岁的彼得为沙皇。索菲亚对这一做法极为失望，对此愤愤不平。伊凡是她的亲弟弟，而彼得作为阿列克谢一世后妻的儿子，不过是她同父异母的弟弟而已。由于伊凡体弱多病，可能永远无法料理政务，索菲亚认为，如果让伊凡成为西奥多的继承人的话，她有生之年就能以摄政的方式把权力真正控制在自己的手里；而彼得承诺要励精图治，几年之后，他就能够亲自管理帝国的政务，同时，由于他年纪尚轻，很自然，他会受到他母亲家族的影响，而这些人对她充满敌意，因而她对帝国的控制权将会走向终结。

于是，她下定决心，绝不让至高无上的权力落入彼得

西奥多。他继位后,常卧病榻,无力理政

手中。她秘密勾结禁卫军,让他们支持她。禁卫军的总指挥是赫万斯基,他同意了她的提议,联合起来策划和组织了一次政变。

为了激怒老百姓和卫兵,使他们群情激愤,索菲亚和赫万斯基散布谣言,说前任沙皇并非自然死亡,而是被人毒死的。谋杀案的凶手正是那些把西奥多和伊凡置于一旁,想借彼得之名把权力控制在自己手里的人,他们弃伊凡——西奥多真正的继承人——于不顾,打算自立君主。他们还散布谣言说,凶手们还计划要毒杀禁卫军所有主要军官,因为这些图谋不轨者很清楚,如果不清除这些军官的话,他们会反对他们阴谋,甚至可能会阻止他们计划的实施。他们还说,毒害西奥多的人是曾经照顾他的两个医师。他们被收买了,在西奥多的药里下了毒。在西奥多的葬礼上,图谋不轨者还打算在白兰地和啤酒里混入毒药,毒杀禁卫军的军官们。

这些谣言让禁卫军和相当一部分莫斯科人勃然大怒。禁卫军冲上街头,层层包围了皇宫。他们抓住了那两个被指控毒杀西奥多的医师,当场杀死了他们。然后,他们又抓了一些高职位的贵族、朝廷官员,这些人被认为是支持彼得的幕后主使,也是谋杀西奥多的主谋。这些人被拖到广场上残忍地杀死,有的甚至被剁成碎块,还有的被扔下皇宫的围墙,扎在墙下士兵们手中高高举起的矛上。

此时,彼得和母亲正在皇宫里。娜塔莉亚非常警觉,

伽立津亲王。他是 17 世纪活跃在俄国政坛上的大贵族和政治家,1714 年去世

不是为自己,而是为了儿子。政变爆发后,她马上逃离了皇宫,抱着彼得躲避到一个名为圣三一修道院的皇家静修处。该修道院也是沙皇另一种意义上的行宫,它除了是一座优美的乡村别墅,从其宗教特征来说,也是逃亡者寻求庇护的圣地,通常,这里能使逃难者免受暴力和任何敌对力量的迫害。

娜塔莉亚带着彼得和几个仆人一路逃向圣三一修道院,身后一队士兵紧紧追赶。一旦他们在路上被抓,这对母子将会被残忍地杀害。九死一生之际,娜塔莉亚终于赶到了修道院,追兵被关在了门外。但仍然有两个士兵在大门关闭前紧随她进了修道院。娜塔莉亚冲进教堂,这是整个修道院的中心,带着彼得躲在圣坛的下面。士兵们紧紧追至圣坛,挥舞着手中的剑,显然这对母子已到生死存亡的关键时刻;然而,在这最后一刻,教堂的神圣似乎震慑了这些士兵,仗剑踌躇片刻后,他们喃喃咒骂着躲过此劫的逃难者,悻悻地撤离了。

与此同时,城市的骚乱还在继续,接连好几天了,没人预料到最终的结局会是什么。最后,两派妥协之后达成一致:伊凡和彼得并立为沙皇,一如既往,由索菲亚摄政。这样,索菲亚得到了她想要的所有结果。尽管彼得和伊凡并立为沙皇,实际上没有产生任何作用,索菲亚一派已经在这次冲突中证明自己是最强大的,因此所有的权力悉数落入她的手中。通过利用赫万斯基和他的禁卫军,索菲亚最终获得了胜利。既然已经通过军队的暴力行动达到了目的,索菲亚当然希望他们回到自己的岗位,恢复他们和朝廷之间、地方政府之间的上下级关系。但禁卫军却不打算这样做。赫万斯基发现,通过领导和控制这支强大的军队,他可以成为举足轻重的人物,因而他无意放下手中的权力;同时士兵们还沉醉于暴乱和掠夺的亢奋中。索菲亚发现,她引发了一股她控制不了的力量。赫万斯基和他的军队继续在城市中肆意劫掠,他们从富人家里抢夺一切东西来满足他们的贪欲和野心,任意杀死那些他们认为属于反对派的人。

起初,索菲亚试图安抚他们,通过和解的措施削减他们的力量。出于安全考虑,她也撤到圣三一修道院,她给赫万斯基和其他军官传话,首先感谢了他们为她的弟弟,前任沙皇复仇时表现出的热诚,以及维护真正的继位者——后来的沙皇伊凡的热心;并且她承诺,时机一到,将回报他们为国家立下的汗马功劳。她又补充说,既然现在他们已经顺利并彻底地取得了成功,应该结束士兵们进一步的暴力行为,回到自己的岗位上。

她的指令并没有起作用。事实上,当赫万斯基发现自己统领的军队力量是多么强大时,他就萌生了自己做最高统治者的想法。他认为卫兵们都会效忠于他,听命于他。他召集手下的主要军官举行了秘密会议,他告诉军官们两个王子都不适合坐上沙皇的宝座,试图为发动政变做好思想上的准备。他说,伊凡恶疾缠身,就是一个低能儿;而彼得不过还是个小孩,而且,即便他能长大成人,也极有可能患上和他哥哥一样的疾病。这两位继承人根本不可能有感激他们的想法,也不会有能力回报卫队为国家做出的贡献;然而他,作为军队的指挥官,自己团体的一份子,既能够也愿意给予他们充分公正的待遇。

为巩固和延续他通过军队获得的权力,赫万斯基还谋划了一场婚礼:让他的儿子娶皇室的公主为妻。他选凯瑟琳公主——索菲亚的妹妹(和她年龄相仿)作为新娘。他小心翼翼地向索菲亚提出这个建议,希望能说服她,得到她的赞同和支持,这样一来,挡在他面前的所有绊脚石都将被移开,他将会轻易地、一劳永逸地实现他的野心。

但索菲亚对这一提议勃然大怒。对她而言,区区一个军队的将军,竟然想和皇家联姻,还想借此获得最高统治权并传给他的后代,这简直放肆、无耻到极点。她立刻决定要采取有力的措施以最有效的方式粉碎这一阴谋,杀了赫万斯基。但是赫万斯基手下军队的力量太强大了,如果公开对决的话她没有任何胜算,她决定以计谋取胜。于是,她假装支持赫万斯基的提议,使自己看上去仿佛在绞尽脑汁想方设法帮他们实现计划。此外,她很快宣布要在圣三一修道院为凯瑟琳公主举办一个盛大的生日庆典,并邀请赫万斯基出席。

赫万斯基欢天喜地地接受了这个邀请,以为这是一个

沙皇伊凡

绝妙的机会来实现他的计划。于是，庆典那天，他在儿子的陪伴下，从莫斯科动身前往修道院。他没起任何疑心，只带了一小队卫兵。在路上他遭到了两百多骑兵的伏击，这些骑兵是索菲亚的国务大臣伽立津派去的。赫万斯基的卫兵立刻被制服，他和他儿子也被俘虏。紧接着他们就被带往一处房子，那里已准备停当等待他们到来，他们父子二人被以叛国罪判处死刑，当场砍头。

处决的消息很快传开了，当然，一传到禁卫军那里，就引起了激烈的骚动和混乱。他们威胁要报复政府，因为被他们称为首领和父亲的赫万斯基遭到了暗杀。他们很快就行动起来，展开了更疯狂的谋杀、掠夺和破坏活动。叛乱引起了一系列反应。禁卫军内部形成了一个党派，他们想要阻止这种过分的行为，甚至决定归顺政府。国务大臣伽立津利用这些分歧，和那些愿意回归的人展开斡旋。这件事他处理得非常成功，以至于最后军队的主力都被说服，他们达成一致，杀了那些在叛乱中表现最积极的军官，把他们的首级献给国务大臣，以此来表明归顺的决心。他们也请求政府赦免他们犯下的暴行。当然，政府欣然允诺赦免。赫万斯基和其他被杀军官的位置很快就被指派了新人，都是有利于索菲娅公主的人，于是整个军队重归职守。莫斯科很快就恢复了治安，这为索菲亚和她的朝廷离开修道院返回城里的皇宫提供了安全保障。伽立津官升一级，手中也握有更大的权力，索菲亚终于成为这个国家的真正统治者，当然，她是以弟弟们的名义摄政的。

第二章

索菲亚公主垮台

精彩看点

索菲亚的权力巅峰——军队远征——鞑靼人的可汗——马泽帕——他的出身和生平——他遭受的惩罚——后来的故事——战争失败——索菲亚的巧妙策略——给军队的奖励和荣誉——反对派——他们的计划——计划结婚的原因——未婚妻——政治家们的动机——彼得结婚的影响——彼得的乡间行宫——伽立津归来——索菲娅公主的恐慌——哥萨克人——索菲亚的阴谋——卫队的指挥官——伽立津王爷——阴谋的细节——阴谋被发现——派遣使者——哨兵——分遣队的士兵来了——彼得的避难所——索菲亚的虚伪——卫兵——索菲亚试图控制他们——他们追随彼得——索菲亚的惊恐——她的第一个代表团——代表团失败了——索菲亚求助主教——他的使命失败了——索菲亚绝望了——她最后的计划——她被拒绝进入修道院——要求交出沙克洛维特——他被投入监狱——他被施刑——他的供词——他们的价值——所施刑法的种类——各种刑罚——伽立津被流放——他的儿子和他承受相同的命运——对沙克洛维特的处罚——对索菲亚的决定——彼得公开进入莫斯科——他取得独一无二的统治权——伊凡的性格和状况——索菲亚的结局

第二章 索菲亚公主垮台

如今索菲亚大权在握，在王宫和首都有着至高无上的统治权，而国家的日常政务和外交关系则交给伽立津和其他国务大臣处理。她于1684年得到国家统治权，到1689年她结束摄政，算来她至少做了5年沙俄的统治者。

在她统治期间，政府进行了远征。远征的主要目的是征服地处沙俄南边的克里米亚，此前，这个国家隶属于土耳其。当时的波兰非常强大，波兰人正在与土耳其大战。他们向俄国人建议，联合起来攻打克里米亚。住在克里米亚及其东北边的鞑靼人支持土耳其，因此俄国人需要对付两个敌人。

鞑靼人的最高统治者是一个被称为"可汗"的人。他手握大权，既尊贵又威严，他的地位实际高于统治俄国的沙皇。事实上，有一个古老的条约特别规定并承认了可汗的这一优越地位——这是那个时代用来表明思想和态度的奇特方式。在该条约的诸多条款中，有一条这样规定，无论何时沙皇见到可汗,他都要在可汗上马的时候帮他扶马镫,还要用他的帽子盛着燕麦去喂马。

在俄国人和鞑靼人争夺克里米亚的这场战争中,出现了一个重要人物,此人因拜伦的诗而出名。他就是马泽帕,那个不幸的酋长,被赤身裸体地绑在一匹野马上,从荆棘丛生的荒蛮之地穿过,这一可怕的场景曾被诗人形象地描绘过,也常常出现在各种画作和雕刻中。

马泽帕是一个有地位的波兰人。他作为男侍从小在波兰的王宫长大。在他长大成人后,由于他和一名贵族的妻子之间发生了一些不正当行为,触怒了这位贵族。他被抓住后狠狠地鞭打了一顿,然后被绑到一匹桀骜不驯的野马上。一切就绪后,马出发到了乌克兰边境,这时马背上的捆绑已经变松,当马感觉到它背上有个不同寻常的东西时,吓坏了,由于没有马衔也没有缰绳的控制,它在原始森林的深处疯狂地奔跑,直到最后在恐惧和疲惫中筋疲力尽地倒下。几个哥萨克农夫发现并救了马泽帕。他们在农房里照顾他,直到他从伤痛中复原。

马泽帕接受过良好的教育,他非常精通于那个年代常用的战术。他很受哥萨克人的喜爱,后来还成了他们的酋长,在索菲亚统治时期爆发的克里米亚之战中,他和俄国人一起对抗土耳其人和鞑靼人,表现卓越。

如果索菲亚的政府发动的战争成功了,那就会大大强化她在莫斯科的党羽势力,巩固她的权力;但是战争却失

马泽帕

败了。伽立津王爷,此次远征军的最高指挥官,被迫撤军并与对方达成差强人意的和解;可他不敢让莫斯科知道这次远征的真正结果,因为他害怕,而且他确信,这个消息会引起极大的不满;而战场离莫斯科那么远,那个时代的通信条件又非常有限,伪造消息相对容易得多。

因此,在和鞑靼人达成和解并撤军后,他遣信使给莫斯科的沙皇和波兰国王送去消息,说他和鞑靼人交战一举获胜,他在鞑靼人的领地上征服了他们,并迫使他们签署了极利于俄国的和平协议。消息一抵达莫斯科,索菲娅公

当时波兰国王与沙俄结盟一起攻打克里米亚,图为波兰骑兵与克里米亚的鞑靼骑兵激战

主就下令安排庆典，举国欢庆此次胜利。按照沙俄政府的惯例，如果取得重大胜利，国会要写一封感谢和嘉奖军官与士兵们的正式信函，派一名特使送去，给主要军官加官晋爵，给士兵们以金钱奖励。公主和她的政府希望通过这种方式来掩盖他们取得成功的不光彩行径，从而获取民众的信任和支持。

但在这时，一个反对索菲亚的党派已经逐渐形成，其人数和影响力与日俱增。这派人很自然地聚拢在彼得的身边，意图让彼得成为他们真正的首领。此时的彼得已经长大。下一章中我们将会讲述彼得是怎么度过青少年时期的；而现在，他已经18岁了，追随他的那些人计划让他结婚，因此他们开始给他挑选妻子。

当然，他们这样主张的原因完全是出于政治考虑。他们认为，如果彼得结婚生子，皇位就必然要传至彼得的家庭，因为伊凡没有孩子，而且他又那么虚弱多病，就连他自己也不可能活太久。因此他们非常清楚，彼得的婚姻和一位后嗣的诞生会让所有人都认为彼得才是值得他们支持和培养的真命天子；他们也觉得这会提升彼得的地位，加强以他的名义行事的党派的力量。

议员们为彼得选的妻子是位贵族家的年轻小姐，其父亲是一位声名显赫的"波雅尔"——对当时贵族的称谓。她名叫欧多克亚·费奥多罗夫娜。索菲亚公主千方百计想阻止这场婚姻，却无济于事。彼得还是结婚了，这件事极大地提升了他在贵族和民众中的声望，扩大了这派人的权力和影响力。不管是争夺皇位还是改朝换代的斗争，总有一些人，尽管为数不多，以荣誉和责任为原则引导自己的行为，支持他们所在的一方，忠实地坚持做他们认为正确的事情。然而，各个国家各个朝代仍不乏大批朝臣政要急于知道哪一方更容易获胜，而并非哪一方更正确。在这种情况下，彼得的婚姻让彼得一派获得皇权的可能性大大增加，于是贵族们纷至沓来，以迎合奉承彼得及其朋友。很快，彼得的妻子就要临产了，这加强了贵族们和彼得结交的这一趋势。彼得的儿子，也是这个家族的后嗣，即将出生，再联想到伊凡根本不可能有孩子，天平的一端似乎彻底向彼得一方倾斜了。

年轻人们尤其如此，因为他们也纷纷到了对国家大事开始感兴趣的年纪。所有的年轻人似乎都鄙视伊凡的无能及其前途的黯淡无望，而彼得的才华和能力以及呈现在他前方的辉煌前景使他们大大折服。因此，即便那些坚定追随索菲亚和伊凡的贵族元老们也发现，他们的儿子们一成年全都投向彼得一方了。

此时，彼得和他年轻的妻子正住在一处乡下行宫，它坐落在距离莫斯科几英里外的一条小河边。该行宫叫"奥勃拉任斯科耶"。

这就是伽立津从克里米亚远征返回莫斯科时所看到的情形。他发现索菲亚及其党派的权力正在快速削减，索菲

彼得与欧多克亚·费奥多罗夫娜完婚

亚本人也对未来的前景焦虑不安。公主为伽立津举办了一个盛大的欢迎仪式，并当众授予他许多特别的荣誉来嘉奖他在战场上取得的虚假胜利。然而仍有人怀疑伽立津的说法是否真实。彼得一派的人要求出示战争获胜的证据。伽立津把以马泽帕为首的许多哥萨克士兵带回了莫斯科。以前，哥萨克人是禁止进入莫斯科的；但现在索菲亚想极力摆脱她所处的危险境地，因此她制定了一个孤注一掷的计划，她知道这些哥萨克人会毫不留情地执行首领发出的任何命令，所以她下令让伽立津把这些人带到皇宫里来，假装要给在战争中做出卓越贡献的马泽帕授予荣誉。但这种做法不为人们所称道，而且，尽管哥萨克人被带进来了，他们却只能被限制在围墙之内，索菲亚终究不能利用他们来实施她的阴谋，只能依靠作为正规军的皇家禁卫军。

她的阴谋就是暗杀彼得。她已经看到没有别的方式能让她摆脱她所处的危险境地。她的弟弟，沙皇伊凡，日益虚弱，其作用已微不足道；而彼得和他的党派日益强大，对她虎视眈眈。如果彼得活着，她确信自己很快就会垮台。因此，她决定，彼得必须死。

禁卫军的指挥官名叫西奥多·沙克洛维特。赫万斯基一死，索菲亚就把他提拔到了这个高位。她选他担任这一职务就是让他为自己效忠。现在，她决定派他去执行暗杀彼得的阴谋。

当索菲亚向伽立津提出这个计划时，他起初很反对，

穿传统服饰的哥萨克人

因为这是件极其危险的事。可是索菲亚苦口婆心地敦促他必须这样做，她表示，除非采取果断的措施，否则不仅她会倒台，他所有的亲友也会和她得到同样的下场，所以他最终很不情愿地同意了。

计划最终酝酿成熟。沙克洛维特，禁卫军的指挥官，选了600名士兵随他前往奥勃拉任斯科耶。他们计划趁夜色潜入，将彼得擒在床上。当计划好的那个夜晚来临，指挥官召集他的士兵并做出指示，这队人马满怀必胜的信心，朝着奥勃拉任斯科耶进发了。

但整个计划却出乎意料地失败了。当指挥官给士兵们下达命令时，有两个士兵，害怕自己沦为犯罪的工具，趁人不备在黑暗中偷偷溜出，以最快的速度跑到奥勃拉任斯科耶，给彼得送去危险即将来临的消息。大吃一惊的彼得从床上一跃而起，他立刻派人去他舅舅的住所，传他们立刻来见他。他们来了之后，匆匆召开了一个临时会议。彼得的舅舅们对士兵们通报的消息是否真实心存疑虑。他们认为索菲亚不可能做出如此凶残恶毒的决定。因此，在送彼得和他的家人离开之前，他们决定先派信使前往莫斯科打探是否真的有一队卫兵离城去奥勃拉任斯科耶了。

信使们立刻出发了，可他们在前往莫斯科的半道就碰见了以沙克洛维特为首的那队卫兵，正偷偷摸摸行军。信使们悄悄隐藏在路边，直到队伍走远。他们迅速绕小道返回，赶到了队伍的前面，在暗杀到来之前抵达行宫。仓促之间，

第二章 索菲亚公主垮台

彼得和他的妻子、妹妹以及其他两位家人匆忙钻进一辆马车,赶在沙克洛维特和他的人马到来之前离开了行宫。行宫大门外站岗的哨兵对彼得和家人的匆忙出走感到很惊讶,可是当一大队来自莫斯科兵营的士兵,半夜三更毫无预警地突然出现在他们面前时,他们更是无比震惊。

17 世纪的莫斯科

一到行宫,沙克洛维特的人立刻开始搜寻彼得,当然,他们不可能找到。当他们质问哨兵时,被告知彼得不久前才带着家人匆忙离开。没人知道他们去了哪里。

沙克洛维特只好一无所获地打道回府，惊慌失措地向索菲亚报告了他们阴谋的败露。

与此同时，彼得已经逃到圣三一修道院，这是皇族成员在危难时刻常用的避难所。这桩丑闻迅速传开并引发了骚动。彼得从修道院给索菲亚带去口信，指控她指使沙克洛维特和其手下意图杀害他。索菲亚对事态突然发生逆转大吃一惊。然而，面对彼得指控的罪名，她极力否认。她狡辩说，沙克洛维特带兵去奥勃拉任斯科耶只是为了换岗。没人相信这种鬼话。带着如此大规模的军队深更半夜跑到乡下的行宫只是为了换岗，这种说法太荒谬了。

骚乱加剧了。国家的主要贵族开始成群结队涌向修道院，宣称他们拥护彼得，并决定支持和保护他。在此同时，索菲亚也竭尽所能拉拢她的朋友们。双方都想努力赢得禁卫军的好感。索菲亚把他们召集到莫斯科的皇宫前，然后她在沙皇伊凡的陪伴下出现在他们面前的阳台上；沙皇给他们做了演讲——毫无疑问，这是索菲亚提前给他准备好的。在演讲中，伊凡向卫兵们宣称他的弟弟彼得去了圣三一修道院，尽管他不知道出于什么原因。但是，他说，他有很多理由担心彼得正在图谋叛国。

"我们已经听说，"他补充道，"他传唤你们前去支持他，但我们禁止你们去，违令者死。"

接下来索菲亚也向卫兵们致辞，肯定了伊凡所说的话，企图巧妙地引导他们支持她。卫兵们听完后一言不发。但

第二章 索菲亚公主垮台

是这些慷慨陈词似乎对他们没产生影响，因为之后他们立刻结成一队向修道院进发了，在那里，他们公然表示拥护彼得。

此时，索菲亚惊恐不已。她开始担心大势已去。她决定派一位使者前去平复彼得的不满，如果可能的话，最好达成和解。她让她的两个姑母，也是彼得的姑母，以及一些至亲，同样也是彼得的至亲，来担当此任务。这些女士们都是地位极高的公主，她们的年龄和家庭关系足以使索菲亚相信她们的调停能力。

她指示这些女士们向彼得保证，她完全是清白的，至于她派遣卫兵去行宫实施罪恶的阴谋一事，完全是她的敌人杜撰的故事，因为他们有意离间他们兄妹。她还和彼得保证说他完全没必要逃走，他随时可以很安全地回到莫斯科。

彼得非常礼貌地接待了他的姑母，并认真倾听了她们的说辞；但是，在她们结束陈述之后，他向她们确保，他撤退到修道院并不是没有理由：他接下来给她们说明和解释了整个事件的来龙去脉，出示了大量确凿的证据，证明那个晚上确实有人图谋杀害他，以至于他的姑母们开始怀疑索菲亚的确策划了此次阴谋。在这些证据面前，她们感到非常悲伤，含着眼泪宣称她们不回莫斯科了，要留在修道院和她们的侄子同生共死。

当索菲亚得知这个结果时，无比恐慌。在彷徨焦虑一阵儿后,她决定求助主教,主教是教堂的首领,也是整个帝国地位最高的宗教权威。她乞求主教做她和彼得之间的调停者,最终,主教被她的眼泪和请求打动,答应她去圣三一修道院调停。

圣三一修道院

这位大使不见得比上一位更成功。彼得给主教提供的证据似乎不仅证明了阴谋的真实性,还道出了一个事实,如果阴谋得逞,主教自己也会被撤掉,换成忠于索菲亚的神职人员。主教对这个消息又惊又怕,不敢回去向索菲亚复命,就像之前索菲亚的姑母们做的那样,他决定留下来和彼得一起住在修道院,直到危机过去。

索菲娅公主完全绝望了。但是伽立津仍然追随她,宫

第二章 索菲亚公主垮台

里还有一些人也拥护她。她把这些所剩无几的朋友召集起来，忧心忡忡地商榷接下来该怎么做。他们最后决定，沙克洛维特和另外两个和暗杀彼得一案密切相关的人应该被藏在宫中最隐蔽的地方以确保安全，然后，公主在伽立津王爷和其他主要朋友的陪护下，一起前往圣三一修道院，亲自向彼得求情，希望能平息他的怒火，或许可以拯救他们岌岌可危的命运。可是，就在索菲亚和她的随从们走到半道的时候，遇见了修道院派来的一个贵族，他阻止他们继续前行，并以彼得的名义命令他们返回莫斯科。信使还说，即便公主坚持继续前行，只会发现修道院的大门紧紧关闭，彼得不会接见她。

索菲亚一行绝望地折回了莫斯科。

第二天，一名军官率领着300名卫兵，从修道院来到索菲亚的宫殿，要求她交出沙克洛维特，他将因为叛国罪的指控而受到审判。索菲亚极不情愿遵从这一命令。她理应救她的走卒和替罪羊，以免他们受到惩罚，因为他们是在她的策划和挑唆下而犯的罪；但她迟迟不愿交出罪犯的主要原因却是害怕他泄密从而牵连到她。她犹豫不决，痛苦而沮丧，断定自己只能服从命令，沙克洛维特被从他隐藏的地方交了出来。士兵们立刻把沙克洛维特和其他同谋抓起来，用镣铐把他们紧紧铐住，马不停蹄地把他们带到修道院。

沙克洛维特被带到修道院的大厅，那里一个由主要贵族组成的法庭，对他进行审判和听取供词。法官仔细地审问了很长时间，他却闪烁其词，不好好回答，最后，为了让他认罪并交代出同伙，法庭决定对他施以刑讯。这种做法残酷而有失公正，但却和那个年代粗鲁的观念是一致的。

　　沙克洛维特受到的酷刑是鞭打。这是一条粗大的鞭子，由又硬又粗的皮革制成，用一种特别的方式提前准备好，目的是为了在鞭打的时候能引起极大的痛感。对这种可怕的刑具，沙克洛维特只忍受了几下就求饶说他要认罪；他被带回监狱，交代了所有的罪行。他完整地交代了整个阴谋。他说他们计划杀害彼得、彼得的母亲和其他几个和彼得关系亲密的人。他还说，索菲娅公主是此次阴谋的策划者，还详细交代了其他很多参与的主谋。

　　这个不幸的受刑者的供词可能是真的，也可能是假的。现在，众所周知，通过刑讯逼供得到的任何证词都不能成为证据，因为处在这种严酷条件下的人，为了结束自己遭受的折磨，会说出他们认为刑讯逼供者想听的任何话。

　　在这种情况下，法庭相信了沙克洛维特的供词。基于他的供词，很多人被逮捕并施以酷刑，以逼迫他们招供更多关于这次阴谋的详情。据说，在审讯中，这些受刑者接受的酷刑之一，就是先剃光刑犯的脑袋并绑在一个固定的位置，然后用滚烫的开水一滴一滴浇上去，据说这种刑罚会在极短的时间内带来剧烈可怕的疼痛，就连英雄都难以忍受。

第二章 索菲亚公主垮台

法庭在得到严刑逼供的证词并控制了那些被指控有罪的人之后,花了两天的时间来给他们逐个量刑定罪。有些人被判杀头;有些被判终身监禁;还有一些被流放。伽立津王爷被判终生流放西伯利亚。他被带到法庭听法官的正式判决。法庭判词是这样说的:"伽立津被派去北极的一

绘于1595年的北极古地图

个名为卡尔加的小镇,因其对陛下的大不敬,他将终生待在那里,但陛下出于仁慈之心,每日给他三便士以备生存之需;依照法律规定,他的个人财产全部没收充公。"

伽立津有个儿子也被牵连到他父亲的这桩阴谋案中。他也被判处和他父亲一样的刑罚。前往流放地的漫漫长

途有了儿子的陪伴，对伽立津王爷是一种安慰，但是儿子被迫和他一起忍受磨难又让他的痛苦加倍。这个家族的所有女眷也和他们一起被发配了。

伽立津一被发配，军官们就奉命占领了他的宫殿，并清点了宫殿里的财物。他们发现了大量财宝。此外，还发现了一个埋在地下室里的大箱子，装满了 400 盘大锭的银子，还有很多奇珍异宝。所有这些财物都被没收充公，其他款项的收入则被送入国库。

沙克洛维特，禁卫军的总指挥，被砍了脑袋。他手下那名下令让士兵向奥勃拉任斯科耶进发的军官先是被处以鞭刑，然后被割舌，最后被发配到西伯利亚终身流放，他的生活费只是伽立津的三分之一。其他一些士兵也被处以割舌的刑罚，然后被流放到西伯利亚，靠猎取黑貂为生。

彼得不愿看到他的姐姐索菲亚当众受罚或被当众羞辱，因此命令她退居到莫斯科近郊一个偏僻的女修道院，在那里她会受到严密的监视和看守。索菲亚极不情愿遵从这个判决，因此她拖延着不去修道院。于是卫队的指挥官派一队全副武装的士兵去押解她，并下令说，如果她不主动离开的话，就用武力强行带她走；索菲亚被迫屈服，住进修道院，在她住所的大门外均有哨兵站岗，就连通往此地的所有道路上也安排了守卫，以此来有效地切断这个可怜的囚犯和那些同情她或想帮她的人的所有联系。她在这种情形下被囚禁了好多年。

政变失败后被监禁的索菲亚

两天之后，在所有和阴谋案相关的人与事都被处理完后，彼得决定回莫斯科。在一万八千多全副武装的卫兵的护送下，他威风凛凛地骑在马背上，走在队伍的最前面，他的妻子和母亲则乘着马车紧随其后。

一到皇宫，他的哥哥伊凡就在台阶上迎接了他，没人认为伊凡参与过这个阴谋。彼得亲切地问候了哥哥，并说他希望彼此成为朋友。伊凡回复了同样的话，于是两兄弟重新成为名义上的最高执政者，但是，由于索菲亚已经彻底垮台，她所有重要的朋友和党羽要么被砍头，要么被流放，因此政府统治大权实际上落入了彼得手中。

彼得的哥哥伊凡沙皇，由于身体虚弱，没有能力处理任何政务。也因为身体虚弱，疾病缠身，他总是郁郁寡欢，心情沮丧，他把大部分时间奉献给了宗教，这是他所知道的进入另一个更美好的世界的最好方式。七年后他去世了。

索菲娅公主做了十五年的囚徒。在此期间，有些追随者曾试图解救她，但都失败了。在她有生之年，一直受到严密监控。

第三章

彼得的青少年时期

精彩看点

家族的动荡时期——彼得的第一任家庭教师——他的资历——彼得早期的学习——他的性情与性格——嫉妒彼得的索菲亚——败坏彼得道德的计划——家庭教师被解雇——采纳的制度——索菲亚的希望——彼得的 50 个玩伴——阴谋失败——彼得建立军校——学以致用的技工——他的想法与意图——他的鼓声——他的手推车——学校的进展——彼得旺盛精力的结果

第三章 彼得的青少年时期

我们有必要把这个故事稍稍往回倒一下，回顾一下彼得是怎样度过他的青少年时期的，以及他人生早期的经历如何影响了他的性格。彼得结婚时年仅十八岁，所有那些纷争，在他父亲阿列克谢一世驾崩多年后，依然在继续瓦解这个家庭，当然，这些纷争都发生在他的少年时期。其父过世时纷争即起，他当时只不过九岁而已。

最初，彼得的父亲挑选负责小儿子教育的人是将军曼尼修斯。曼尼修斯将军生于苏格兰，在他本国的神学院接受过良好的教育，因此，除了熟知与战争相关的知识和技能之外，他还通晓所有的欧洲语言，还有在欧洲不同国家游学的丰富阅历。随着年龄增长，彼得逐渐萌生了对西欧的艺术科学、不同国家文明的特点以及对西欧文明各自在不同阶段的进步程度的兴趣。这时，曼尼修斯就完全胜任对彼得的教育了。

不过，曼尼修斯开始当彼得的老师的时，彼得只有五岁，所以起初，彼得只是接受基础教育。曼尼修斯将军的责任并不是亲自给他的小学生授课，而是要确保指派合适的老师，并且这些老师要忠于职守。

只要彼得的父亲——阿列克谢沙皇活着，一切都按计划顺利进行着。曼尼修斯将军和他的学生一起住在宫殿里，逐渐和他建立了稳固的联系。事实上，彼得充满了精气神，

少年时代的彼得

第三章 彼得的青少年时期

他的一言一行都展现出诸多天分,并且他在学习他那个年纪该学的知识时游刃有余,所有认识他的人都喜爱他;他赢得了他母亲家族所有人的喜爱。而对那些和阿列克谢沙皇第一任妻子的孩子们关系亲近的人来说,他是嫉妒与怀疑的对象,而且他所展现出来的天赋与才能越多,他的对手就越嫉妒。

最后,当他的父亲阿列克谢沙皇逝世,他同父异母的哥哥西奥多继承皇位时,家族中两个分支决裂得更加彻底;当索菲亚从修道院重获自由时,想方设法去控制政务,正如第一章所说,她最初蠢蠢欲动的缘由之一,就是要继续掌权,与西奥多的低能相比的是彼得会成长为一个充满才干且精力旺盛的年轻人,迟早有一天他会将国家大权掌握在自己的手中。她下定决心并计划要阻止这种情形的发生。起初,对她而言,最具可行性的计划就是要通过纵容与享乐毁了这个孩子。

据说她企图诱导曼尼修斯去更改他为彼得所做的安排,目的是让他放弃自律,为所欲为。她同时计划为彼得准备享乐与放纵的活动,认为像他这样年龄的男孩子是没有意识或决心去抵制这些诱惑的。她认为,这样一来,彼得的学业会受阻,并且吃喝玩乐或其他有害的放纵行为也可能会毁了他的健康。

但是索菲亚发现她根本不能诱使曼尼修斯将军配合她的任何计划。他已经下定决心将他的学生培养成一个德才兼备的人，而且他非常清楚索菲亚所建议的放纵教育会毁了彼得。经过一番较量之后，索菲亚发现曼尼修斯坚持己见，不为所动，于是她耍手腕将他解雇，并为彼得制定了另外一套教育计划，她认为她的目的最终会实现。于是，曼尼修斯不得不告别自己的小学生，然而，在离别的时候，他仍然像开始时那样忠于职守，给了他的学生最重要的忠告，他要彼得抵制懒散放纵的恶习，并告诫他在年轻的时候要有耐心、坚持不懈、勤奋努力地汲取有用的知识，学习对他成年后有利的所有技艺和才能。

曼尼修斯将军被解雇以后，索菲亚为控制彼得采取了一整套全新的方法。当时西奥多已经死了，彼得与伊凡一起被宣布为沙皇，索菲亚以他们的名义摄政治国。公主安排给彼得修建一座新的住所，坐落在距莫斯科有一段距离

17 世纪的莫斯科

的一个小村庄，她还安排了 50 个男孩子作为他的玩伴。这些男孩子可以为所欲为，几乎不受任何约束。索菲亚的阴谋是让他们可以为所欲为，她毫不怀疑，以这种方式虚度光阴，他们长大后会无所事事，品行不端，一事无成。她甚至还希望这种过度放纵的行为让彼得伤了身子，以至于英年早逝。

实际上，这个阴谋设计得如此完美，以至于在这种情形下绝大多数男孩子都会落入这个为他们精心设计的陷阱之中，自毁前程；然而，彼得却避开了这个圈套。无论是因为先前老师的忠告或教诲，还是他自己天生的良好判断力，或者两者兼而有之，他抵制住了面前的诱惑，相反，他并没有放弃学习，也没有让自己的时间浪费在怠懒与恶习上，而是极大地发掘了自己的天赋和能力。他甚至有意将玩乐的时间和那些指派给他的玩伴变成有利于他的工具。他把男孩子们组织起来建立一个军事学校，与他们一起学习军事，练习军旅生活的各项必备科目。从一开始他就身先士卒。他自学军鼓，但是并不像大多数男孩子那样，只是为了自己取乐而弄出些噪音，而是有规律地、科学地击鼓，以使自己理解并敲出营地与战场上需要的节奏和信号。他学习军事布防，亲自和其他男孩子一起干活，以合乎规律且科学的方式建立炮位。他还在一个供他们玩耍的作坊，实地学习制造使用工具；他在军事防御中使用的手推车就是亲手制作的。

在这些训练中,他从不在同伴面前表现出优越感,而是和他们一起平等地站在一起,听从发给他的任何命令,轮到他执行任务时,会全力以赴地完成最艰难的任务。

这绝不是男孩子们的游戏,有新鲜感就玩一阵子,新鲜劲一过就抛到一边,去追求更有意思的游戏。彼得知道他长大后要成为整个沙俄的皇帝。他知道,在这个广袤国家中,有很多野蛮、动荡不安的部落,他们从习性上还处于半野人的状态,只能通过武力的方式才能控制。他的国家也被其他国家所包围,这些国家对他的政府时时表现出敌视的态度,如果他不做好准备,他们随时都可能入侵。因此,他希望自己通过熟知军事战术而为将来可能发生的突发事件做好准备。事实上,他一点儿都不希望到任何一支军队去做一名鼓手,或者用自己的双手运土去构筑防御工事,更别提去造那些构筑工事用的手推车了;但他意识到如果他自己精确地掌握了做这些事的每个细节,他就可以更成功地指挥一切,这就是为什么他吃尽苦头学习的原因。

随着年龄的增长,彼得给他的学校引进了更高级的军事技术,从各个方面去改进并完善学校的组织机构。不久,他为军校的学员们配备了欧洲各国军校普遍使用的制服和装备。随着他和伙伴们年纪渐长,学习理解能力不断提升,他确定了军事领域各学科的引领者。当他年满十八岁,该离开这个地方的时候,这所学校已被建成一所管理有序、设施完善的军校,在之后很长一段时间里还继续成功运作。

青年时代的彼得

很大程度上，正是彼得所展现出来的精力与才能，使得许多重要贵族依附他并拥护他的事业，通过这种方式，他甚至在成年之前，就能够将索菲亚赶下台，把统治大权掌握在自己手中。

第四章

列福尔特和缅希科夫

精彩看点

人生成功的条件——挑选大臣——建造房屋——成功的秘诀——青年彼得——列福尔特和缅希科夫——阿姆斯特丹的商人——账房中的列福尔特——前往哥本哈根——熟知军务——大使——做翻译的列福尔特——引起皇帝注意——他明智的答案——沙皇很满意——大使的见解——酒——列福尔特投向沙皇——当庭任命——后来的生涯——军服——列福尔特的建议——大使队伍——惊奇快乐的沙皇——列福尔特承担的使命——制作军服——组建一支军队——军队在皇帝面前露面——结果——提议新改革——变革——关税改制——改革的效果——财政状况——引进木匠和泥瓦匠——新宫殿——列福尔特与日俱增的影响力——他的宽宏大量——彼得脾气暴躁——调停者列福尔特——缅希科夫王子——他早期的故事——追求前程——他的糕饼——与皇帝谈判——列福尔特连队中的缅希科夫——缅希科夫的真实性格——彼得和妻子的争吵——引起争吵的原因——欧多克亚的悲惨命运——彼得的性格严重缺陷

第四章 列福尔特和缅希科夫

无论一个人的生活状况如何,他事业的成功并不只取决于他能否完成应做之事的个人能力,而更多取决于他在挑选与他合作并辅助他完成事业的人选时的远见卓识与准确判断。在人们所从事的所有伟大事业中,只有很小的一部分是他们亲自执行的,而绝大多数计划之所以失败,就是因为在选择完成计划的人选时缺乏睿智的判断。

此理于万事皆然,无论大小。一个人也许能为建造一座房屋制定一项非常高明的计划。他或许可以为它选择一处绝佳的建造场地,拟定一个很好的方案,准备充足的资金,但是他不知如何或者去哪里找到好的施工人员,因此他的计划必定会以失败收场。他选择的人可能具备能力但不诚实,或者他们诚实但不具备能力,又或者他们有其他明显缺陷;上述任何一种情形下,房屋都会被建得很糟糕,建房计划都会失败。

当这些不幸发生在他们身上的时候,很多人都会说:

"啊哦！这不是我的过错。这是工人们的错。"对此，合适的回应是："那是你的错。要想承担建造一间房屋的任务，你除了要有能力制定出一份合理的整体规划和安排，还要具备知人善任的准确判断。"对于所有成功的事业，后一种能力和前一种同等重要。实际上，后者更加重要，因为好的人选会纠正或避免不佳方案中的弊病，但是一个好的方案却永远不能保证不受坏人的恶意破坏。

那些名垂青史的君主们和军事指挥官们之所以声名显赫，就是因为他们善于发现并提携英才，成功地帮他们完成各项计划。

索菲亚公主倒台之后，彼得第一次发现自己只是名义上拥有至高无上的权力，那时他还年轻，朝政大权实际上掌握在不同的贵族和官员手中，他们以彼得的名义处理政务。这些人之间时不时产生分歧，形成不同的派系，每一方都嫉妒另一方的影响力。随着彼得年龄渐长，对自己的身份意识越来越强烈，他开始越来越多地参与指导和制定国家政策，起初他选择了两个才能卓越的人辅佐自己，稍后他们被擢升到很高很重要的职位。实际上，最终这些人都成了卓越的政治家，在推动和实现彼得的计划的过程中发挥了极其重要的作用。这些政治家里首当其冲的是列福尔特，其次是缅希科夫。关于这两个英雄人物的故事，据老历史学家的讲述，非常具有传奇性。

列福尔特是一个日内瓦商人的儿子。他孩童时期就非

第四章 列福尔特和缅希科夫

黄金时代的阿姆斯特丹

常渴望成为一名士兵,但他的父亲考虑到军旅生活会带给他艰辛和危险,因而更希望他能成为商人,因此他为儿子找了一份在阿姆斯特丹一位巨富的账房里当差的工作。当时,阿姆斯特丹是世界上最大最富庶的商业中心之一。

很多年轻人,一旦被他们的父亲阻止去追求自己选择的职业,而被安排到一个他们并不喜欢的职业环境时,大都会以消极不满的方式去尽自己的本分,也不会努力获取事业上的成功或者取悦他们的雇主;然而列福尔特则不同。他以良好的心态去做这份阿姆斯特丹的账房工作,勤奋并稳妥地投入这份工作,同样地,在与周围人的交往中他也表现出和蔼可亲的性情。很快,会计们都说,商人"爱他如同己出"。

一段时日后,经常派船去世界各地的商人又要派一艘船去哥本哈根,列福尔特即请求能登船前往。商人不仅愿意让他去,而且还授予他对货物的全权处置权,让他遵照指令负责销售货物,并在轮船到港后将所收货款汇寄回去。于是列福尔特就随船而去,到了哥本哈根之后,他完成了货物销售并且将货款汇了回去,商人对他非常满意。

哥本哈根是丹麦的首都,那个时期的丹麦是一个相当强大且好战的国家。列福尔特把船只停在港口,自己走上哥本哈根的街头。他看到丹麦士兵列队走来走去,表演队列变化,眼前的景象重新激起了他先前想要成为军人的兴趣。他很快就结识了一些军官,听他们说起种种冒险经历和军旅生活的细节,他非常渴望能加入他们。他们也很喜欢这个年轻人。他学习那个地方的语言,而且进步神速,

1756年的哥本哈根

军官们发现列福尔特很快就能理解他们所讲的军事原理，并学会了所有的军阵变化。

恰巧这个时候一位大使要从丹麦派驻俄国，列福尔特非常渴望去了解世界，也渴望成为士兵，他强烈地希望跟随大使踏上征程。他已经掌握了一些俄语，而且还在努力学习更多。认识他的人也在极力推荐他——可能除了别人之外，还有商人的推荐，并且他在哥本哈根熟识的军官们也对他产生了有利影响。准备好这些基本步骤以后，他着手申请给大使做翻译的工作；经过对他的品行和资历严格考察之后，他获得了任命。因此，在货物卖完之后他就不需要再回到阿姆斯特丹，而作为大使的随员一同前往俄国。

大使很快就和这个年轻的翻译缔结了深厚的友谊，抵达莫斯科之后，在很多重要的业务中把他当作自己的心腹。大使本人在莫斯科有了重要的影响力，不仅获准和当权的贵族们交往，还得到了彼得的赏识。一次，当彼得在大使官邸吃饭时注意到了列福尔特，因为列福尔特仪表堂堂、谈吐得体。他同时也注意到，作为一个外国人，列福尔特的俄语说得非常出色。沙皇询问了列福尔特一些有关出身和履历的问题，对他的答复和不亢不卑的风度非常满意。沙皇问列福尔特是否愿意为他服务。列福尔特非常恭敬地回答说："无论他多想为伟大的君主效力，在没有征得他现在的主人，即他所感激并对他委以重任的大使的允许前，他不会做出任何承诺。"

"那好吧,"沙皇回答,"我会征得你主人的同意的。"

"但是我希望,"列福尔特说,"陛下在提出这个问题时用别的翻译官。"

彼得对列福尔特的两次回答非常满意——第一次回答,他以不愿更换主人表明自己对当下的职责非常忠诚,无论更换主人会给他带来多大好处,他首先要得到他第一任主人体面的解雇;另一个回答则体现出他思维缜密,他不希望参与沙皇和大使之间有关他的谈话,作为大使的翻译官,他理应参与其中,但是他更希望这个交谈是通过无关的人进行,这样大使就可以自由地、毫无保留地表达他的真实态度。

随后,沙皇带着另一个翻译走向大使并开始向他询问列福尔特。

"他的俄语说得非常好,"彼得说。

"是的,陛下,"大使说,"他对于学习任何他喜欢的东西都有一种天赋。他四个月前来到我这儿时几乎不会德语呢,但现在说得非常好。我的随员中有两个德语翻译,列福尔特的德语毫不逊色于他们任何一个。当他来我们国家时,连一个俄语单词都不知道,但是陛下您自己可以看得出他现在说得有多好。"

彼得和大使谈论列福尔特的时候,他自己退到了房间的其他地方。沙皇对这个年轻人的谦逊非常满意。然而,他并没有要求大使准许列福尔特离职,他在房间里找到列福尔特,要求他马上给自己拿一杯酒。他再也没有提为他

列福尔特

服务的事，但是列福尔特从他的表情和他命令自己给他拿酒的行为里，清楚地知道了和大使的谈话并没有让沙皇改变主意。

第二天，沙皇和大使又深入询问了一些关于列福尔特的问题，重新引起了这个话题。他告诉大使他希望列福尔特能为他服务，并且询问大使是否愿意舍弃。大使回答说，尽管他非常想把这个和蔼可亲又前途无限的年轻人留在身边，然而这个交换对列福尔特非常有益，他觉得自己最好还是不要反对为妙；此外，他补充说道，他欣然接受陛下所做的任何安排。

隔天彼得派人找来了列福尔特，正式任命他做自己的首席翻译。这个职务要求列福尔特绝大多数时间都要跟在沙皇身边，彼得很快就变得非常依赖他。尽管我们把他称作"年轻人"，列福尔特那时已经35岁了，但彼得还不到20岁。因此，自然而然地，彼得就对他非常信赖，并且经常向他咨询，这很显然是由于列福尔特从小在欧洲中心长大的缘故，在那里，所有与和平和战争相关的文明和技艺都比同时代的俄国要先进。

列福尔特一直为沙皇效力直到逝世，那大约是在这之后10年了。在那段时期列福尔特声名显赫，并且在政务管理中发挥了非常重要的作用，尤其体现在他协助彼得了解西欧国家的艺术和进步并将其引入俄国等方面。

列福尔特向沙皇引进的第一项改革就是有关军队的制

第四章 列福尔特和缅希科夫

服和装备的改进。那之前的禁卫军习惯穿着旧式俄国军服，一点儿都不方便。外衣是一种类似于外套的长袍，严重限制了四肢的活动。有一天，就在列福尔特为沙皇效力后不久，彼得在和他的谈话时，询问他对俄国士兵的看法。

"他们本身都很好，"列福尔特回答道，"但是在我看来，他们穿的衣服在军事活动中远没有西欧国家的士兵们穿的衣服那么方便。"

彼得问那些衣服的款式，列福尔特回应说如果陛下允许的话，他会想办法创造机会给他看看那些衣服。

随后，列福尔特立即联系到丹麦大使的裁缝。这个裁缝是大使从哥本哈根带过来的，因为那个时期有一个习俗，像大使这样的显贵在他的随从中会带上他们所需的各行各业的人，这样无论他们到了哪里都可以自给自足，满足他们的需求，而不必依赖他们出访的地方。列福尔特雇佣这个裁缝帮他制作两套军服，按照哥本哈根皇家卫队的样式制作——一套是军官服，另一套则是士兵服。裁缝花了两天完成了第一套。按照以往在沙皇寝宫等待的惯例，一大早，列福尔特身着新衣走了进去。

这个意外的景象让沙皇吃了一惊。起初他不知道是列福尔特身着新衣；当他最终认出的时候，他开始明白是怎么回事了，他非常高兴。他仔细检查军装的每个部分，他不光赞扬军装，同时也赞扬列福尔特的机智与勤勉，让他能有如此良机去了解西方国家军装。

此后不久，列福尔特再次出现在沙皇的身边，这次身着普通士兵的制服。沙皇也仔细检查了这套军装，看到了它便捷的优点。他马上说希望一队卫兵能配备并穿上这样的军装，还希望他们按照西方的方式进行训练。列福尔特回复说，如果陛下愿意给他委任令的话，他会努力去组建这样一个队伍。

沙皇下令让列福尔特这么做，他立刻着手这项任务。他找遍莫斯科所有的商人，为了获取所需的材料——因为许多材料在莫斯科不太用到，因此不太容易去找到足够数量的材料去制作列福尔特所需的军装。他还从不同大使的住所或者来自西欧的大商人家里找来所有的裁缝，这些裁缝都熟知正确的裁剪和制作方式。列福尔特希望在这么短的时间内裁制出这么多套军服，当然需要相当数量的裁缝。

列福尔特游走在莫斯科的外地人与外国人之间，这些人多多少少都和这个或者那个大使有些关系，他在寻找那些熟知西欧各国军队的训练和战术、愿意在他组建的军队效力的人。他很快就组建起一支50人的队伍。当这支队伍组建完毕，穿上新制服，经过适当训练之后，一天早晨，他们以列福尔特为首，敲着军鼓、打着彩旗，列队出现在皇宫门口。当他们列队经过时，沙皇走到窗口，看到了他们。他对眼前的景象非常惊讶，也非常高兴。他走下来近距离观看他们；当他们按列福尔特的指导进行演练时，他就站在旁边看着。沙皇是如此高兴，以至于他决定亲自加入这

第四章 列福尔特和缅希科夫

个队伍。他希望自己能亲自进行训练，这样便于实地考察其他人应该如何准确操练。因此他为自己做了一套军装，以普通士兵的身份和其他人一起参加所有训练。

自此开始，变革一直延续了下去，直到整个皇家军队的着装风格和战术体系被从西欧引进的精简而科学的军事系统所改变，以前盛行的那种老式的、累赘的军服被替代掉。

体会到军队中采用西方改良的巨大好处后，沙皇希望以同样的方式，把西方文明元素引进到工业与艺术等领域之中。他建议列福尔特做出安排，引进丹麦、德国、法国以及其他欧洲国家的技工和工匠，目的是为了将他们经过改良的工艺引入俄国。列福尔特欣然接受了这一任务，但是他向沙皇解释说，为了使这项举措达到一定的效果，首先有必要对本国的基本法律进行重大修改，特别是那些和外交相关的法律。他完整详细地解释了那些要做的重大修改，沙皇欣然同意，并且按照建议做出了法律调整。外国产品的关税被大幅度降低了。这产生了两个方面的影响。

首先，外国产品的进口大大增加了，这极大地促进了俄国人和外国商人、制造商以及工匠们的交流，并且逐渐使民众习惯了更好的生活方式、先进的着装时尚、家具式样与装备用具，从而为这个国家提供了一个广阔的市场，鼓励俄国人尽快引进工艺品和制成品。

其次，新的体系大大增加了帝国的收入。关税真的降低了，只是之前关税的一半。但是自新关税法颁布后，极大地增加了进口量，给国库带来的收入远大于损失，沙皇很快就发现他的财政状况得到了极大的改善。这使他决定采取措施，从德国、法国、苏格兰以及其他西欧国家大量引进外国制造商和工匠们。这些人由沙皇引进俄国，公费供养，直到他们在自己从事的各行各业站住脚跟，开始自给自足。其中之一，就是他引进了许多木匠和泥瓦匠去教俄国人建造更好的居所，以前俄国人总是满足于居住在非常粗糙、极不方便的木屋里。泥瓦匠们受雇建造的最早工程之一，就是为沙皇本人在莫斯科建造的一座华丽的石头宫殿，在这之前，莫斯科城中从未有过这样宏伟的建筑。看到这座宫殿用料讲究、坚固耐用，那些有钱的贵族们开始争先仿效，因此，当泥瓦工们建完沙皇的宫殿之后，他们发现大批贵族已在等着他们修建新住所和宫殿。

在效力于沙皇期间，列福尔特所策划的诸如此类的举措，以及这些计划和建议带来的成功，最终给他带来了重要的影响，让他获得了极高的声誉和名望。然而他依然谦逊谨慎，如果我们得到的关于他的记述准确的话，沙皇对他的极度宠爱并没有在俄国的贵族们心中激起嫉妒与恶意。列福尔特具有自我牺牲的精神和公正无私的性情。他慷慨大方，当其他大臣们令沙皇不悦时，他经常凭借从沙皇那里所获得的特权去解救他们，使他们免受不当或者过度处罚；必须承认，尽管彼得性格中有许多优点，但众所周知，

第四章 列福尔特和缅希科夫

这一时期的他草率易怒。他对别人的反对意见没有耐心，任何违背他意愿的事都令他无法容忍。由于他性格果断、乐观，行事敏捷有力，他很容易被那些行事拖沓、犹豫不决、效率低下的人惹恼，因为这些人完全没有他的天赋和才干。在这种情况下，他总是表现得很不理性，有时候还很暴戾；如果不是列福尔特经常在身边阻止和劝解，他在很多情况下都会做出暴戾残忍的事情。

如果发生了此类不和，列福尔特总是扮演调解人的角色；因此，俄国贵族们，也被称为"波雅尔"，最后都视他为父亲。据说他挽救了许多被彼得不假思索就下令处死的贵族。他也挽救了其他许多人，使其免受鞭刑或流放。有一次，沙皇在盛怒之下准备鞭笞他的一名官员，列福尔特认为他犯的错不至于受此酷刑，在所有的营救措施都失败之后，列福尔特解开衣服，露出自己的肩膀和胸膛，请求愤怒的沙皇抽打他，但是要饶了那个无辜的人。沙皇完全被他这种高风亮节折服了，用他的双臂紧紧拥抱了列福尔特，感谢他的调解，同时允许瑟瑟发抖的官员离开，这名官员对这位救他于危难的恩人充满了感激之情。

彼得执政早期的另一位主要官员是缅希科夫。他的出身很卑微。他的受洗名叫亚历山大，他父亲在伏尔加河畔的一所修道院做苦工。那个时代，修道院都被赠予大片宝贵的土地，由仆人们或奴隶们耕种，僧侣们由此得到供养，修道院的建筑也由此得到不断的修缮或扩建。

17 世纪的俄国波雅尔

第四章 列福尔特和缅希科夫

早年亚历山大随他的父亲在修道院的土地上耕作；但是，作为一个精力充沛的小伙子，他对这种生活模式渐渐不满；因为在那个时期，像他父亲那样耕种贵族或僧侣土地的佃农比奴隶好不到哪儿去。于是，当他年满13岁或14岁时，发觉自己待在家里的处境和前途一片黯淡、令人沮丧，就决定走出去寻找他的未来。

于是他离开了父亲的家，前往莫斯科。经历了种种艰辛之后，他最终在一家糕点店找到了一份工作；然而，他不是被雇佣去烘烤制作馅儿饼，而是被派到街上去卖馅儿饼。他常常通过在街上唱歌或讲故事吸引顾客光顾他的馅儿饼摊。事实上，正是他能说会唱的才华让老板雇用他来卖馅儿饼，而不是让他待在家里烤制馅儿饼。

沙皇第一次被年轻的缅希科夫所吸引的故事让人浮想联翩，但是，像这种与伟大君主相关的趣闻轶事，其可信度令人怀疑。据说彼得有一天从街上路过时，缅希科夫正在给一群听众唱歌或者讲故事，于是他也驻足倾听。他被其中一首歌逗乐了，等缅希科夫唱完歌后，彼得上前和他搭话。他问这个年轻人，所有的馅儿饼和篮子一起值多少钱。这个男孩儿只告诉他所有馅儿饼的钱，至于篮子，他说那属于他的主人，他无权售卖。

"但是，"他补充说，"一切都属于陛下，因此陛下只需下命令，我就会将它呈献给您。"

这个回答让沙皇非常开心，他派人找来了这个男孩，并且和他的父亲进行了交谈，在对他其他方面了解之后，他对这个年轻人非常满意，并且立刻让他为自己做事。

正如之前讲述过的，这一切都发生在列福尔特计划组建军队，向沙皇展示西欧所采用的着装风格与军事训练之前。缅希科夫加入了这个队伍，他对军阵变化与军队操练产生了浓厚的兴趣，并且极其勤奋，很快就能领悟并参加各种演习，这引起了列福尔特的关注。缅希科夫很快就被提拔为军官，并最终成为列福尔特实施各种举措和计划的重要合作者。从此以后，他就不断升职，随着时间推移，他最终成了彼得军队中最显赫的将军，在最著名的战役中发挥了重要作用。

阅读这种故事时，我们自然而然会对这些故事的主人公产生浓厚的兴趣，有些时候不知不觉中会对他们的性格形成过高的评价。例如，这个缅希科夫，尽管他在少年时期就展现出进取心，独自前往莫斯科追求前程，有讲故事和唱歌的天赋，在学习列福尔特的军事策略时产生兴趣并获得成功，以及后来作为军事指挥官取得了显赫成就，这些可能都是真的，但是，毕竟从公正严明的道德标准来看，他很可能是个道德败坏的人。事实上，有很多理由证实他确实如此。无论如何，他后来牵涉进彼得和他妻子之间的一场可怕的争吵中，情况显然不利于他。这场争吵发生时彼得结婚仅两年，当时他还不到20岁。通常，像这种事情，从丈夫的朋友口中讲出的故事和从妻子的朋友口中讲出的

缅希科夫

故事完全不是一个版本。正如这类事情通常所发生的一样，丈夫的朋友和妻子的朋友各执一词。据皇后一方所说，争执的产生在于彼得被一帮坏人所勾引，尤其是一帮坏女人，从缅希科夫一开始为彼得效劳，他就从中牵线搭桥。据说缅希科夫是一个风流放浪的年轻人，当他还在糕点房做工时，他就经常出没于城里那些下流堕落的场所；在他为彼得效力之后，彼得开始跟随他出入这些地方，当然他们乔装打扮掩人耳目。这让欧多克亚皇后常苦恼，也让她非常嫉妒；当她劝诫丈夫时，他非常生气，反而指责她对自己不忠。自然，缅希科夫也不满于皇后对他的指责，于是他也和彼得一起反对她。关于双方对彼此的指责真相如何，权力掌握在彼得一方。他与妻子断绝了关系，并将她幽禁在一个隐蔽的地方，直到她去世。

尽管彼得的性格有很多优点，但我们除了从这件事上能推断出不利于彼得的结论之外，还有很多迹象不幸地表明，在这一时期，他的性情暴躁易怒，对于不同的政见极不耐心，经常无端惩罚那些他怀疑或者厌恶的无辜人员。

第五章

亲政之初

精彩看点

至高无上的权力——领土的扩张——赴华大使——西伯利亚——寒冷的气候——流放——西方文明——造船——荷兰造船厂——萨尔丹镇——乡下行宫的游艇——沙皇的第一批船舶——和亚速的海战——炮兵的背叛——土耳其舰队——攻下亚速——沙皇名声大震——他计划组建一个舰队——反对派——不满者的争论——人们的宗教情怀——主教——一个阴谋——莫斯科人的恐慌——现代城市——屠杀外国人的计划——彼得的举措——背叛者的惩罚

第五章 亲政之初

彼得马上就要20岁了,并且他已经大权在握。没有成文的宪法可以限制他的特权,也没有立法机构或国会通过法律来控制他。在某种意义上,正如亚历山大·缅希科夫在卖给他馅儿饼时所说的,一切都属于彼得。他的话就是法律,生与死皆由他决定。他的疆域如此辽阔,以至于有一次当他想给他的邻居中国派遣一名大使时,他的信使马不停蹄地跑了18个多月才从首都到达中国边境。

这就是彼得当时的情况。他天赋异禀,雄心勃勃,富有远见,果断坚决;可同时又脾气暴躁,对敌人冷酷无情,意志非常坚定。

他对推动帝国的强大产生了极大的兴趣,目的是强化他作为君主的权力和威信,这就像一个普通人作为主人想要扩增土地,增加财富,提升地位一样。他派遣使者前往中国,想通过筹划,改善和增进两国之间的贸易。这次出使很壮观。大使携带了21人的使团,其中有秘书、翻译官、法律顾问等，此外，还有许多仆人和随从，他们负责服侍使团，搬运和照看行李。行李被装载在一队四轮马车上，跟随在大使和随员的马车之后，队伍像一支小型军队，浩浩荡荡穿行在乡野间。

大使的队伍直到3年后才返回。然而，这次出访大获成功。它为两个帝国之间的关系奠定了令人非常满意的基础。

被彼得派往中国的大使是戈洛文

第五章 亲政之初

那时,沙皇的疆域已经和现在差不多,横贯整个欧洲和亚洲的北部,直达北冰洋。其中很重要的一部分就是著名的西伯利亚。由于漫长且干燥的冬季以及随后短暂的夏季,这里的土地并没有太多的耕种价值。但是寒冷的气候让这个地方出产大量上等毛皮动物,例如黑貂、水貂、白鼬和水獭;大自然的安排向来如此,气候越寒冷,生活在那个地方的动物的皮毛就越暖和。

因此,西伯利亚的居民们主要猎杀野生动物以获取他们的肉和皮毛,以及在矿山干活;而且自古以来,就有罪犯被流放到这里,他们不得不在这些艰苦危险的行业中度过余生。当然,寒冷、暴露在旷野、疲劳以及他们困苦的

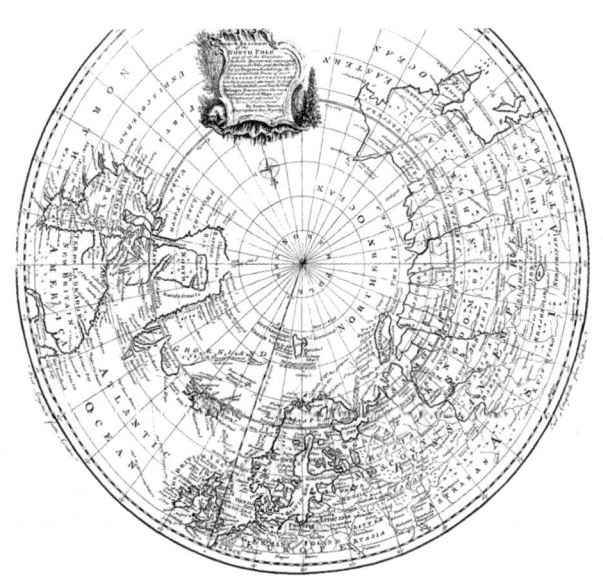

1780年左右的北冰洋地图

命运和殷切的思乡之情所激起的精神痛苦与折磨,夺去了许多不幸的流放者的性命。

彼得非常感兴趣并致力开展与这些偏远、难以到达的地区的交流和扩大矿山的生产。但是欧洲部分领土的状况以及更多更全面地引进西欧工艺和进步的计划占了他的主要精力。他随时准备抓住每个机会。

他的注意力转向造船业就是一个例证。那时,荷兰是全世界重要的商业与航运中心,荷兰的造船技术要比别的国家先进得多。荷兰人在全球各地都拥有殖民地。他们的军舰和商船已经深入到每一片海域,而且他们的海军指挥官因为冒险精神、勇敢无畏和航海技术而享誉世界。

荷兰人在全球各地都有殖民地,图为荷兰人在亚洲爪哇岛上的殖民地巴达维亚

第五章 亲政之初

  荷兰人不仅为自己造船，而且他们的造船厂也接受来自世界各地的订单，因为这些造船厂制造的船只各式各样，无论是战船、商船还是游船，都比其他任何地方制造得又好又便宜。

  主要的造船中心之一就是萨尔丹镇。这个小镇位于荷兰的商业之都阿姆斯特丹附近。它沿着河岸绵延一两英里，这条河水深而平静，为码头和造船厂提供了最为完备的设施装备。

  碰巧有天彼得和列福尔特待在他的一个行宫里，那里有一个小湖，与一条专为陆上游乐开凿的运河相连，一艘游艇停在那里，游艇的样式和构造引起了彼得的注意。这艘游艇是宫殿庭院规划好之后从荷兰运送过来的，沙皇和列福尔特就这艘游艇展开谈话，随之又谈到了船舶和造船业的话题。列福尔特极力向他的主人描绘荷兰以及其他欧洲海上强国通过战舰所获得的利益，彼得马上就产生了强烈的愿望，想拥有自己的海军。当然，这很困难。俄国几乎是一个内陆国家。没有良好的海港，而且首都莫斯科处于遥远的内陆。此外，当时彼得不仅没有船，也没有懂得如何造船的技师和工匠。

  然而，当列福尔特察觉到彼得对这个话题所产生的浓厚兴趣时，他就做了一番调查，最终成功地在莫斯科的荷兰商人中找了一些造船专家，为他建造了几艘小船，当这些船只完工之后，在离城不远的一个湖泊里下水。此后在同样的地方又建造了几艘军舰。当这些军舰下水时，武器配备良好，沙皇兴致勃勃地登上战舰，在湖面航行，并亲自学习船只运转的操作方法，以及安排船只进行一对一的模拟战斗。他担任其中一艘军舰的舰长，自此之后，他以此作为自己最为光荣的头衔之一。这一切都发生在彼得大约22岁的时候。

在此之后不久，沙皇就有了一个机会，开始将自己的航海知识用于实际操作。他参加了一次海军作战，与几个欧洲强国联合起来，对土耳其人和鞑靼人重新宣战。第一场战役的主要目标是占领亚速城。该城位于亚速海的岸边，靠近顿河河口。彼得不仅从陆上靠近并包围了这座城市，还用他命令在河边制造的大量船只占领了通向它的河流。这样就切断了这座城市的补给，将这座城紧紧围了起来，据说要不是因为一名炮兵军官的背叛，他本可以拿下这座城池，那名军官将他的主要炮位泄露给了敌人，当时炮口都已经升起，对准了这座城市，随时准备轰炸城墙。这名军官并不是土生土长的俄国人，他只是沙皇招募来在军中为他效力的一个外国人，被军队的俄国贵族惹恼，因此他偷偷将铁钉钉进所有大炮的点火口，然后在夜间跑到土耳其人那边，告诉他们他所做的一切。随后，土耳其人在清晨开始出击，袭击了炮台，负责守卫炮台的人跑向大炮，却发现它们无法开火。结果炮台被占领，士兵们四散逃跑，枪炮被捣毁。这次失败使俄国军队陷入混乱，俄军被迫停止围攻并撤军，但是，他们仍期待着进行下一次战役。

第一次亚速之战

于是，第二年重新发起了进攻，为了配合围城的军队，河岸上建造了更多的船只。土耳其人也有自己的船只，他们把这些船只停靠在亚速海上来保卫城市。但是彼得派出了几艘小军舰，设法将土耳其军队的指挥官引诱进河里。然后彼得带领所有的舰队突然出现，土耳其军队的战舰被击败并俘获。彼得轻而易举地取得了第一场海战的胜利。他还借助在乡间小河岸边建造的小船和其他一些小艇做诱饵，打败并且俘获了一支海上舰队。

在此之后不久，亚速被占领了。给投降者的条件之一就是必须将背叛的军官交给沙皇。他被带回莫斯科，在那儿被施以骇人听闻的酷刑，最终折磨致死。他们并不否认这个人曾受到俄国指挥官的严重伤害，但是他们告诉他说，他本应该向沙皇申冤，而不是辜负委于他的重任，通过投敌背叛寻求报复。

沙皇因为围攻亚速的成功在整个欧洲赢得了很高的声望。这次成功大大增加了他造船的兴趣，特别是现在亚速落入自己手中之后，他拥有了一个面朝大海的港口。

总而言之，彼得现在非常渴望能马上开始建造战舰。他下定决心要拥有一支舰队，这样他就能够走出去，在黑海上迎战土耳其人。困难在于资金匮乏。作为一个为了实现目标从来都不择手段的人，彼得立刻采取了果断的措施。除了向老百姓征收战争所需的常规税，他命令一些有钱的贵族每人捐赠一艘舰船，但是，为了补偿他造船的花费，他可以以自己的名字对其命名。对一些城镇、修道院、军队和公共机构，他下达了同样的命令。沙皇也采取措施从荷兰、威尼斯以及其他海洋国家征召了大量的造船工人到俄国。沙皇的计划是，建造并装备一支拥有100艘舰船的舰队，由快速战舰、军需船、炮艇、大型军舰和三桅军舰组成。这些舰船要在3年内建成，装备好并且全面做好准备随时出海；如果任何人或任何一方没能按时完工，那么他所缴纳的税额将会翻倍。

从沙皇年轻气盛和刚愎自用的性格可以看出，在所有的做法中，他都非常草率，在很多方面都独断专行。他下令要求贵族们捐钱建造舰队的命令招致了大量的不满与抱怨，然而很快他又采取了其他一些的措施，这进一步激化了人们的不满情绪。

当舰队正在建造期间，他指派大量的年轻贵族以及其他达官显贵的子嗣去西欧各国游学，还针对他们各自的考察和学习目标给出特别的指示。通过为这些年轻人提供去国外游历的机会和开阔他们的思想，来发展和提高本国的技艺与生活设施，这项举措的主要目的是提升俄国整体的知识水平。沙皇的整体思路非常好，如果这个方案是以一种更加温和的方式实施的话，效果也会非常好。但沙皇断然命令他们的儿子出国，不管他们喜欢不喜欢，也不管这些父亲们为孩子提供大笔旅费有多么不便，因此这些父亲们非常愤怒。据说一个年轻人因为就这样被送走非常生气，他决定,他的祖国休想通过这项举措从他那儿得到任何好处,于是,当他到达被指派的地方威尼斯之后,他把自己关在屋子里,始终待在那里,这样他就不会看到也不会学到任何回国后有用的东西。

这看起来几乎不可思议。其实,这个故事是用一种诙谐的口吻,通过黑色幽默来表达那些年轻人被迫离乡时的郁闷,而不是用冷静的语调陈述事实。不过,这样的事不是没可能发生;因为传统的俄罗斯家庭出于对祖国的崇拜,多少代人都习惯于蔑视外国人以及和外国风俗习惯相关的所有东西,他们蔑视外国的情绪如此强烈,以至于导致了极端事件的发生,使得他们对沙皇举措的抵制几乎达到了狂热的程度。无论如何,在短期内,反对彼得向本国引进外国影响的那些人组成了一个强大的党派。

1697年的威尼斯

第五章 亲政之初

在皇室之中，除了索菲亚公主之外他们再也找不到其他人可以领导他们了。彼得孱弱的哥哥，沙皇伊凡已经死了，否则的话他们会打着他的名号发出抗议之声。索菲亚依然被关押在女修道院里，在彼得发现她图谋不轨后就被送往那里，对她的守卫非常森严。然而，反对派的头领们还是设法和她取得联系。他们不择手段地强化和扩散大家的不满。他们大肆渲染达官显贵们因为沙皇的疯狂计划而被迫交纳的钱财，以及他们在政府中应有的影响力和权力的削减，自己的位置被外国人，或者像缅希科夫那种出身社会最底层但现在却坐享名利的宠臣所替代，这本应只属于世袭的名门望族。对贫穷愚昧的人，他们主要渲染宗教歧视。他们说政府完全颠覆了这个国家所有旧的惯例，让一切都掌握在外国异教徒或异端手中。他们说沙皇现在所遵循的方针与上帝之法相背离，上帝禁止以色列的子民与周围不信奉他的国家有任何交往，这样他们就不会被引入歧途相信邪神。他们说，按照帝国的惯例，任何俄国人离开这个国家都要得到教会的首领——主教的授权，而彼得违背了这一原则，在未经主教同意的情况下派出了很多贵族的子嗣。还有其他一些措施，有的已经采取，有的还尚在酝酿之中，但都同样令贵族们憎恶，被他们指责为不敬。例如，彼得曾制定一个计划——甚至已经雇用了工程师们去初步实施——开凿一条从伏尔加河到顿河的运河，狂妄不敬地想要两条河流流向一个方向，而它们的流向是由上帝决定的！正如已经讲述过的很多事，都很荒谬，但是它们在广大普通老百姓中产生了巨大反响。

最终反对派的势力变得非常强大，头领们认为该是时候采取行动了。于是他们阴谋筹划了具体细节并准备付诸实施。

他们的计划是这样的：他们在距离皇宫不远的地方趁着夜晚先纵火烧毁一些房子，当沙皇像往常一样跑出来帮助灭火的时候刺杀他。

沙皇自己跑出来亲自帮助灭火，这个惯常的做法看起来很奇怪。但是事实的确如此，这个时期莫斯科几乎所有的房屋都是木制的，非常易燃，此外还毫无遮蔽，加上在如此寒冷的气候下，很多地方需要烧火抵御寒冬，因此整座城市都有遭遇大火的可能。火灾的危险如此可怕，居民们一直都在担心它的发生，无论任何一处火起，所有阶层都争先恐后地通力合作去灭火。此外，在当时也没有消防设备和有组织的消防员。

一旦确认沙皇已被刺死，策划者们会前往囚禁索菲亚的修道院，把她解放出来，拥立她为女皇。然后他们会重组禁卫军，恢复所有在赫万斯基叛乱时期被降职的军官的职务，然后屠杀所有彼得引进这个国家的外国人，特别是他的宠臣们，借此使一切回到过去。

实施这项阴谋的具体时间是1697年2月2日夜，但是整个计划被其中两个所谓的叛徒挫败了。参与这项阴谋的

第五章 亲政之初

两个禁卫军军官,到了最后一刻胆怯了。他们决定向沙皇供认一切。

于是,他们立刻动身去了列福尔特的官邸,当时沙皇就在那里,他们将整个阴谋和盘托出并且交出了主谋的名单。

沙皇和列福尔特听着这个情报,彼得非常冷静,他从桌边站起身来,命令一小群人跟随他,带着主要阴谋策划者的名单,前往他们各自的住所,当场逮捕他们。

领头人就这样被抓了,阴谋的行动也被挫败了。很快,罪犯们就被严刑拷打,强迫他们供认罪行,揭露同党。他们受尽折磨后所供出来的名单是真是假当然无法完全确定,但是所有他们提到的人都被抓了,在简短的审判之后,几

沙皇俄国的禁卫军

乎都被判死刑。对他们执行死刑是以最为野蛮的方式进行的。在莫斯科的市场上树立了很多柱子，每根柱子从上到下、从每一侧都伸出许多铁钉和铁钩。然后罪犯被一个个带出来，首先砍掉他们的双臂，然后是双腿，最后是头颅。被砍下来的断肢就被挂在柱子的铁钩上，头颅则被钉在铁钉上。他们的尸体留在那里——这种可怕的场景是用来震慑所有的旁观者——从2月到3月，只要气候足够冷，就能确保尸体继续处于冷冻状态。直到春天最终到来，这些可怕的作为战利品的尸体开始解冻，才被取下来扔进坑里，和普通盗贼与杀人犯的尸首埋在一起。

这就是刺杀彼得大帝的第二次阴谋的结局。

第六章

沙皇的游历

精彩看点

游历的目标——沙皇匿名出行——摄政团——部署卫兵——大使团离开莫斯科——里加——禁止参观防御工程——抵达哥尼斯堡——大使团浩浩荡荡入城——青年侍从——好奇的人们——护卫队——街上的人群——大使团抵达住所——围观者——礼物——沙皇送来的信——国王的答复——盛大的宴会——大使团的影响——浩浩荡荡进入荷兰——彼得悄悄进入阿姆斯特丹——荷兰人的观念——沙皇的住所——东印度公司——彼得去做工——彼得对机械学的兴趣——船厂里的工人们——彼得拜访阿姆斯特丹的朋友——富有的商人——彼得的行为和性格——海牙——海牙的大使团

第六章 沙皇的游历

当沙皇颁布命令要求贵族之子都去西欧的城市游历时，他萌生了亲自去西欧的想法，为了游历那些国家的首都，亲眼看看是否有可以引入自己的国家的先进艺术和技艺。1697年的春天，彼得觉得是时候实现自己的想法了。

他打算匿名出游，不然，他就得把大半时间和注意力都浪费在各国君主为欢迎他而举行的盛大庆祝、游行及仪式上。因此，他决定以大使团随员的身份匿名出访。相比于以君主的名义出游，大使的身份使他从一个地方去另外一个地方变得更容易。此外，如果沙皇在大使团的身份是随从人员的话，就可以随时溜走，去探寻自己感兴趣的事，而让大使和喜欢这种场合的随员们去接受那些令他生厌的接待和华而不实的繁文缛节。

列福尔特将军此时已被彼得提升到一个很高的政府职位，是此次大使团的首领。另外，两名国务大臣担任他的副手。接下来是秘书、翻译官和各种下属，人数很多。彼得给自己登记了一个假名字。他还带了好几个和他年纪相仿的年轻人。其中有两三个就是他的好朋友,他希望旅途中有人做伴。他还挑选了一些擅长机械学和数学的人。他想让这些年轻人从大使团访问的国家学习造船术。

当然。除了安排大使团的事宜,沙皇也做了他游历期间国家的政务安排。他把管理权交给了三位权重位高的贵族,其中之一就是他的舅舅。这位王爷名叫纳雷仕金。另外两位协助纳雷仕金管理政务。这些专员们在沙皇游历期间掌管国家管理大权。彼得年幼的儿子——阿列克谢,现在约 7 岁,也由他们监护。

由于彼得对禁卫军的忠诚心存猜忌,他不放心由他们守卫莫斯科,因此他分批调集了两千多名士兵,在莫斯科城内城外修筑了防御工事。这些队伍里有好多军官和士兵都是外国人。他认为,即便民众有不满或骚乱,这些士兵也不可能跟莫斯科城里的人同气连枝,因此彼得更信任他们。禁卫军被派遣到内陆和边疆地区,在那里就算他们有想法,也出不了什么大乱子。

最后,万事俱备,大使团从莫斯科出发了。大使团离开城门时浩浩荡荡,人数众多。总计大约有 300 人。当然,使团的主要成员配有装饰华丽的马,穿着精美的衣装,身后跟着一队马车,满载衣物、储备、给外国政府备的礼品以及行李。这支行李队由一支卫队护送。成群结队的人涌上街头,挤到城门边去看使团出发时的壮观景象。

第六章 沙皇的游历

大使团停留的第一个城市是里加,坐落在波罗的海东部的里加海湾边上。尽管里加城和它所属的省现在属于俄国,但他们原来属于瑞典。当时,里加是波罗的海上的一个主要港口,彼得很想参观它,因为俄国朝着这个方向的领土没有出海口。里加的地方长官彬彬有礼地迎接了大使团,并体面地在里加城里招待了他们,但却拒绝他们参观这里的防御工事。一开始,大使和彼得两人已经获准参观防御工事,其中彼得作为随从,在他们参观的时候,可以四处随意走动,这样他就能亲自考察防御工事的坚固程度和建筑模式。因此,对于被地方长官拒绝考察防御工事一事,彼得很失望,也很生气,他暗自决定,一有机会就从瑞典国王手里夺走里加城。

里加是波罗的海沿岸的历史名城,原属瑞典,后被俄国夺走。图为1650年的里加

彼得大帝

离开里加后,大使团继续朝西南方向前进,最后,他们进入普鲁士国王的领地。很快,他们抵达哥尼斯堡,是当时普鲁士的首都。这里接待大使团的仪式格外隆重。大使团在距离城门一英里的一个小村庄稍做停留,一边给对方留出时间做安排,一边等候特使以及国王派来的护卫队带领他们入城。

哥尼斯堡

最后,当一切就绪,下午4点左右,队伍排列完毕。首先来了国王的一支马队。这支马队的马匹装饰华丽但无人乘坐。它们由马夫牵引着。然后来了一支王家护卫队。他们穿着鲜亮的红色制服,前面有定音鼓开道。紧跟着是普鲁士贵族乘坐的一队装饰精美的马车,每辆车由6匹马拉着。后面才是国王的马车。国王不在任何一辆马车里,按照礼节,他要坐镇王宫,待大使抵达后,当众接见大使。然而,派出王家马车,是用一种特别但间接的方式向沙皇致敬,说明他们已经知道沙皇本人就在大使团里。

第六章 沙皇的游历

接下来是一队青年侍从，他们有的是国王的侍从，有的是大使的侍从，他们排列着整齐的队伍走过。他们长相俊美，服装是典型的红色侍从制服，镶着金边，非常优雅。他们三人一行，两边是国王的侍从，中间是大使的侍从。围观者们对这些男孩子们很感兴趣，毫无疑问，这些男孩子们互相之间也很感兴趣；可他们不能交谈，因为他们都只会说自己的语言。

青年侍从的队列过后，大使出场了。首先来的是36辆马车，里面坐的是三位大使的手下官员和侍从。其中，有一辆毫不起眼的马车行驶在这个随从的队伍里，里面坐着彼得。毋庸置疑，关于乔装打扮的俄国沙皇就藏在这个队伍里的消息，尽管不太确定，但还是在人群里悄悄传开了。

车队后面是大使带来的护卫队，由大使团的乐队领头，演奏的乐器主要有小号、定音鼓和其他军乐器。接下来是一队步兵：他们身穿绿色制服，手持银色战斧。然后是一支骑兵队。以上这些构成了整个护卫队。护卫队之后，紧接着就是三位大使乘坐的庄严华丽的王家马车。

游行的队伍伴随着一长队精美的马车的到来而结束，这些马车里载着前来向外国人致敬的达官显贵。

队伍进城后，他们发现大街两边挤满了市民，他们涌上街头，想要一睹盛况。最终大使和随从们穿过人群，被带到一处位于市中心的宫殿，这所宫殿精美华丽，专门为他们而准备。城里的士兵们守卫在宫殿的门口，迎接他们的到来。当马车来到宫殿门口，大使准备下车时，堡垒上的礼炮开始鸣炮致敬。大使们被引领队列的军官们马上带到了宫殿，引他们进入各自的居所，让他们休息。当军官们离开的时候，大使陪同他们来到台阶顶端，然后目送他们离开。宫殿的大门、通向大使房间的入口以及大厅由24个哨兵驻守，以防该区域受到任何干扰。

四天之后另一番盛况开始，大使们被首次允许觐见国王。大街上又有了一次盛大的游行，很多人聚集在街边想一睹盛况，乐队、华美的服装、豪华的马车，所有一切都远胜于之前的游行。大使们就这样被带到王宫。他们步入大厅，身穿金银色布满刺绣的衣服，上面装饰着价值不菲的宝石。他们发现国王就坐在大厅的王座上，宫中的所有贵族们都出席了。大使们走上前去向国王陛下致敬，手捧一个装饰精美的盒子，里面装的是沙皇托付给他们的信函。还有一些侍从拿着丰厚而贵重的礼物，是大使带来送给国王的。这些礼物都是最贵重的皮毛，金银制品，宝石之类价值不菲的俄罗斯特产。

国王以隆重的仪式接待了大使，并向他们致以欢迎之词，以回复大使的问候和溢美之言。他接过他们手中的信函读起来。礼物则被放在专门用来搁置礼物的桌子上。

沙皇在信中说，他派遣使者前来的愿望是"增进国王陛下与他之间一贯的友好交往，如同他们的先辈们之间那样"。信中还说，"大使团还要从贵国前往维也纳王室，

第六章 沙皇的游历

请贵国国王对他们的旅途予以帮助。"在信函的末尾，沙皇向国王表达了谢意，感谢他去年派去的"工程师和投弹手"，在围攻亚速的战斗中起到了很大的作用。

国王读完信后，向大使做了口头回复，他让大使们代自己感谢沙皇在信中表达的美好情谊以及他派来的优秀使团。

此时，沙皇——这封信的作者，正和使团的秘书与随从们一起，以一个安静的旁观者的姿态站在旁边。外人根本认不出他来。

觐见仪式结束后，大使们就离开了。他们被带往住所，在他们离开时，又目睹了和来时一样的仪式。晚上，又为他们举行了盛大的宴会。普鲁士主要贵族都出席了这个宴会。据说宴会结束后，又开始放烟花，直到半夜方休，整个城市都被绽放的烟花照亮了。

像这种由一个君主向另一个君主派遣规模壮观的使团，在那个时代非常普遍。大使团的华丽光鲜也是为了彰显派遣本国的强盛，同时也代表对出使国家的尊重。当然，对于派出使团和接收使团的君主而言，这都花费巨大。但是，君主们很乐意为游行破费，因为这可以向全世界证明他们的伟大和力量，对于普通大众来说，他们艰辛的劳动才是这些花费的最终来源，然而他们在军队的控制之下，甚至都不敢有怨言，更别提采取有效措施问责压迫他们的人了。

觐见结束后，彼得私下和国王见了面，而国王也镇定随和地给予他特别关照。在他们逗留期间,这座城为他们举行了很多仪式、宴会和游行,但彼得已经悄悄远离了这些场合。他来到一个海湾,这座海湾从哥尼斯堡一直延伸到但泽,总长约150英里,他在那里考察从海湾驶进驶出的战舰。

在随便一张欧洲地图上,你都可以发现这个海湾。它坐落在波罗的海东南的海岸上,沿着海岸线从哥尼斯堡延伸到但泽,中间隔了相当长的距离。

当大使和使团结束了在哥尼斯堡的盛宴和庆祝后,彼得重新加入队伍,考察团动身前往但泽。那个时期的但泽是一个大型的商业城市,因为销售来自波兰和其他土地肥沃的内陆国家的粮食而成为最主要的港口之一。

此时,所有人都知道彼得随团游历的消息了。但是彼得不会让人认出自己,或者不允许自己的出现引起公众的注意,他只是想和自己的同伴到处自由地闲逛,就好像他只是一个喜欢安静的人,因此,他把所有公众游行和接待,所有宴会以及其他的官方的和非官方的庆典都留给三位大使和他的随员们。

然而,很多精美昂贵的礼物,都打着送给大使的幌子送给了他。

考察团沿着波罗的海的海岸线向荷兰进发,这是彼得最想看的国家。在他们逗留的每个城市,彼得都四处考察造船厂。他经常由本地官员的陪同,但他也去一些没有任

繁荣的但泽

何接待礼仪的地方。他经常改变着装，身穿不同地方百姓的服装，毫不起眼，甚至没人看出他是外国人。有一个港口停泊着许多荷兰军舰，他特别想去一探究竟。于是，他穿上荷兰船长常穿的厚呢子上装和其他水手服，以便在码头上四处走动，和船上的人们随意混在一起，而不会引起任何人的注意。

荷兰人知道大使团已抵达他们的国家，也知道彼得也随团来了，因此，他们决定以最高规格的礼节进行接待。当大使团穿过边境，朝着阿姆斯特丹行进时，所有途径的城镇和堡垒都鸣炮致敬，士兵们列队出城，由地方官员和市民组成的游行队伍在城门外接引并带领他们穿过街道。窗边、屋顶，到处都是围观者。无论他们晚上停留在哪里，人们都会燃起篝火、点亮灯火，欢迎他们的到来，有时还会在他们住所的窗户外面燃放美丽的烟花。

当然，所有的围观者都很想从使团随从人员中辨认出沙皇。然而他们根本认不出来，因为彼得混在人群里，伪装得天衣无缝。事实上，多数情况下，彼得根本就不在游行队伍里。尤其当使团风风光光地进入阿姆斯特丹时，彼得根本就不在队伍里。为了方便第二天和结识的商贩们一起进入阿姆斯特丹，彼得在距离该市有段距离的地方就离队了。因此，当所有阿姆斯特丹的市民聚集在街头，万分好奇地盯着使团，想从中辨认出沙皇时，沙皇本人却和他的朋友们静静地坐在几英里外的一个乡村小酒馆的桌边。

第六章 沙皇的游历

荷兰政府和人民都对大使团非常感兴趣，这不仅因为它的壮观以及它所代表的皇家权力的庄严，还考虑到它所涉及的商机和经济利益。他们很希望能和俄国达成共识，因为两国之间的贸易规模很大，商业往来很频繁，并且发展迅速。因此，他们决定对大使团致以最大的关注，并且用最高的礼节接待。

除了采用诸多措施给予使团一个盛大的接待仪式外，政府还在阿姆斯特丹设立了一处宽敞华丽的宫殿，供沙皇在逗留期间使用。事实上，设立宫殿这件事做得很私密很低调，因为他们知道，彼得不希望他随团出行的事弄得人尽皆知。他们还给这座宫殿配备了充足的管理人员，包括仆人、侍从、各级官员，形式上完全符合即将入住的重要人物的尊贵身份。

然而，彼得抵达之后，根本就没有入住这座宫殿，而是住进了造船厂一处安静的住所，这样他就可以不受约束地随意走动，查看所有可以说明航海技术的东西。荷兰人的东印度公司是当时最大最有影响的一个商业组织，他们在萨丹拥有大型的造船厂制造船舶。萨丹几乎算是阿姆斯特丹的郊区了，坐落在一条深水河的岸边，这条河汇入一个名叫 Y 的阿姆斯特丹海港，距离市区仅几英里。彼得立刻做出进入造船厂的安排，他打算利用大使团在这里逗留的时间来学习船的构造，并结识造船专家。根据历史学家们的说法，就是在这里，彼得以一个普通船工的身份被招进工厂,他使用的化名为彼得·米哈伊洛夫,这几乎就是他的真名。他在那里一住几个月,勤勤恳恳,全身心地投入到这个工作中。他身边留了两三个同伴——他们都是他从莫斯科带来的一路为伴的朋友和随从,但据说这些人对这份工作投入的精力和热情可不像彼得那么多。彼得每天大部分时间都和这些工人们一起干活,穿着和他们一样的衣服。当工作累了,他就走到外面的港口,乘坐各种船舶在水上来来去去,使自己熟知各种船舰构造模块的不同功能。

毫无疑问,彼得做这一切的目的,很大程度上是出于他当时的兴趣。他对船舰、造船以及与航海有关的所有事情都极感兴趣,身处造船厂这样的环境对他来说是一件乐事。他还只是个年轻人,和很多年轻人一样,他喜欢船和水。尽管历史学家们讲述过关于他用他的阔斧做过的种种事情,

彼得化名为彼得·米哈伊洛夫在造船厂学习造船技术

第六章 沙皇的游历

他的确很认真地干过一些活儿，这不无可能。他天生喜欢机械类工作，当他还是个学龄期儿童时，就制作了一辆建筑防御工事用的手推车，这足以证明这一点。

同时，他以工人的名义在造船厂待了那么久，这毫无疑问给了他极大的便利去观察他想知道的所有重要事情。当然，他并不打算真的做个名副其实的造船匠，这是因为，首先，时间太短。需要做数年的学徒，才会成为一名真正的好工匠。其次，这份工作的机械制造部分并不是他的本职，他作为沙俄的最高统治者，意图建立海军部队来保护，甚至是监管他的帝国。因此，他不可能打算认真学习造船，只不过打着工人的名号，一方面享受随意待在造船厂的乐趣，一方面使得自己有更多的机会学习很多重要的、他必须知道的知识。

现代的游客前往荷兰游玩时，经常会去萨丹拜访彼得曾经工作过的那个小小的工作间。那是一栋矮小的木结构建筑，由于年代久远而倾斜，由于长期暴露而老旧斑驳。18 世纪中叶，为了防止这处珍贵遗迹的继续腐败，业主修建了砖砌的房子，它像个盒子一样，把小木屋关在里面。这座砖房的外部是巨大、开放的拱形门，这使游客从外面就能看到小木屋。木屋外的土地被一圈围墙围起来，墙内是美丽的花园。墙内距大门很近的地方有一座整洁雅致的荷兰式小房子，里面住着管理人，他负责向来访的陌生客人们介绍这座小木屋。

当彼得在造船厂做工时，工人们都知道他的身份，但所有人都被禁止聚集在他身边、盯着他看，或通过其他任何方式的关注而打扰到他。他们不得妨碍他，要允许他随意来去。工人们尽可能地遵守这些命令，因为每个人都很想让他们的来访者感到愉快，并因此延长在这里逗留的时间。

在萨丹居住期间，彼得的各类消遣活动是偶尔去探访他在阿姆斯特丹的朋友。他很少参加那些向大使致敬的游行活动和庆典仪式，而是去拜访那些在特定领域取得杰出成就的人，或去那些成功的或经历丰富的商人家或航海者的家。彼得和阿姆斯特丹的一个人很相熟，这人的陪同和谈吐让彼得很愉快，因此他常来拜访他。此人是位相当富

彼得在荷兰的故居

第六章 沙皇的游历

有的商人,他经营的范围非常广泛,因此他常在全世界探险,为他的商业探索新地区、发现新领域。为了提高船长在航行中确定经度和纬度的精确度,他还建了观测站,并装配了望远镜、四分仪以及其他昂贵的观测设备——所有都是自费。

正因为有这位绅士和其他彼得感兴趣的人,使彼得在这里的生活愉快而惬意。他经常去萨丹去拜访这些人。他和这些朋友在一起时,丝毫看不出他是一位沙皇。他表现得很直率,有时甚至粗鲁专横,经常做些说些连下等人都不能原谅的事。任何阻挠或反对他的做法都会令他暴怒,他的坏脾气表明他远非一个友善的人。总而言之,尽管他乐意交往的那些人都急切地追随着他,彼得却没有真正的朋友。认识他的人都钦佩他的智慧和精力,敬重他的权力,但彼得远非一个讨人喜欢的人。

在当时,阿姆斯特丹是荷兰的商业中心,也是世界的商业中心,但它并不是荷兰的首都,荷兰的首都是海牙。彼得在阿姆斯特丹的造船厂愉快地逗留了一段时间后,大使团开始动身前往海牙,在那里,他们受到荷兰国王和政府隆重的接待。彼得身在大使团的事不能公开,但他们通过对使团特殊非凡的致敬方式心照不宣地表明了这一点。海牙居住着来自所有欧洲强国的公使,除了一个国家以外,他们都前来参加和拜访接见俄国大使的仪式,当然,俄国大使也给予他们盛大庄严的回访。这个例外就是法国公使。

由于彼得在波兰国王选举一事上的做法使当时的法国国王非常不满,导致两国政府之间关系冷淡,因此,法国公使拒绝参加接待俄国大使的仪式。

当时的海牙可能是欧洲最具影响力和最繁荣的城市。事实上,它是整个欧洲大陆所有重要政治活动和阴谋计划的中心。经过长途跋涉,大使团倍感劳累,决定在海牙驻留,稍事休整,同时也使彼得有时间制定和完善他对未来行动和运作的规划。

第七章

游历结束

精彩看点

　　不同国家的造船业——彼得决定出访英国——威廉国王支持彼得的计划——彼得离开荷兰——海勒福特斯勒斯——抵达英国——伦敦的接待仪式——利兹的公爵——伯内特主教——上帝的设计——彼得与主教的对话——彼得住到"桥下屋"——彼得参观伦敦塔——聘用工匠——彼得参观朴次茅斯和斯皮特黑德——斯皮特黑德的情形——壮观的皇家海军——一艘游艇作为礼物——前往荷兰的航行——彼得重新加入大使团——神圣罗马帝国皇帝利奥波德——彼得与神圣罗马帝国皇帝的会面——盛宴与庆典——仪式——坏消息——计划改变——返回莫斯科

第七章 游历结束

当大使团在海牙忙于各种游行和庆典，在乌特勒支及其他重要的政治中心忙着与荷兰议会举行盛大会晤时，彼得正往返于荷兰的各个地方，去不同的港口，考察停靠在那里的船只；因为那里的船只几乎来自所有欧洲海洋国家。他的目光最终投向那些英国船只，他很喜欢这些船只。相比于荷兰的船，他更喜欢英国船的外形。他结识了一些英国船长和造船匠，通过翻译，他从他们那里得到大量英国造船技术的信息。他得知，英国海军中的木工已经降级为普通工艺，船的外形和模式由固定的数学原理决定，对于每个技艺娴熟、头脑聪明的工人，这很容易掌握和运用；而在荷兰，工匠们都是通过死记硬背，机械模仿前辈们的操作来做工，根本不受任何原理或理论的支配。

彼得当即决定去英格兰，到现场学习英国的造船法，就像他曾学习荷兰的造船技术那样。

当时英国和荷兰之间的关系很亲密，英国国王是威廉，也称奥林奇王子。当英国国王得知彼得的想法后,非常高兴,决定要全力促成。他立刻为沙皇提供了一批英国随从陪同他旅行。这些随从中有翻译、秘书、侍从、厨师和其他内务仆从。英国国王亲自出资聘用了这些人,并下令让他们陪同彼得前往英国,彼得在英国期间他们也要跟随在身边,最后还要陪同他返回荷兰,因此,他外出期间不会遇到任何麻烦,并且他的任何个人需求都会得到满足。

威廉三世是荷兰执政者威廉二世与英国国王查理一世之女玛丽公主的儿子。图为威廉三世油画像

所有准备工作就绪后,一月中旬左右,沙皇离开了大使团,带着英国国王为他提供的仆从和他从莫斯科一路带来的几位私交好友,从荷兰西南部的一个名为海勒福特斯勒斯的海港启程了。

彼得顺利地抵达了伦敦。他首先去了英国国王为他提供和装修好的雅致的住所。这所房子坐落在伦敦市的黄金地段,是贵族和王室成员的居住地。它临河而建,风景宜人。只是,它离商业区和造船厂很远,彼得对此不甚满意。但他还是先到了这里,并居住了一些时日。

很多贵族来这所房子拜访沙皇,沙皇也做了回访。

第七章 游历结束

伦敦的王室成员也对彼得格外关注。但所有这些人里,彼得最喜欢的是一个贵族,此人和他一样,非常喜欢与航海相关的事物。这个人就是利兹公爵。这位公爵位于伦敦的花园的下面停泊着许多船,他和彼得经常一起乘船划船巡游。

他在伦敦期间,英国政府给予他的众多接待中,有一项是委任专人服侍他,当他想了解英国的各种情况时,不管是和政府相关的,还是和教育或宗教相关的,此人都能随时向他进行解释。这个接受委任的人就是伯内特主教,一位杰出的教会权贵。当然,主教只能通过翻译和彼得交谈。通过这种方式,伯内特主教时常和沙皇进行各种会面,但他对彼得的脾气和性格似乎不以为然。主教和彼得会面之后所做的记录中说,彼得能力很强,就他曾经的生活而

18世纪中叶的伦敦

言，他接受的教育比预期的要好很多，但他脾气火爆，情绪激动时言行举止极为粗鲁。主教特别强调了这一点，他说他不得不敬佩上帝的深谋远虑，让这样一个残暴的人以绝对的权威来统治一个如此广袤的国家。

我们到最后才会发现，深谋远虑的上帝选择这样一个人来完成他的计划多么明智——尽管这个人脾气暴躁，有时候甚至表现得不讲理、残酷，但正是彼得引进了改革，以及改革之后的一系列变革，他曾经推动，并将每年继续推动北欧和亚洲地区整体道德、政治和社会形势的发展。

主教说，他发现彼得对英国的政治和宗教组织有点儿好奇，但他并没有表现出想要把它们引进自己国家的意图。即使和主教交谈时，他最感兴趣的话题也是他对船和造船技术的想法与计划。他对主教讲，为了提升和完善本国人民的生活，他已经采取了一些措施，而且还计划采取更多措施；但他所有的这类计划都只是为了扩大和强化他自己的权力。换句话说，他希望改革的最终目的并不是为了让他的人民过得舒适幸福，而是为了提升他在全世界统治者中的地位，彰显他作为世袭专制君王的荣耀。

在那所远离王宫的住所居住了一段时间之后，彼得设法给自己找了一处"桥梁下"房屋，正如这个词所描述的——在船中间。当时的泰晤士河上只有一座桥，给彼得准备的房屋靠近王室码头。这所房子有个后门通向造船厂，这样彼得就可以随意进出。彼得在新住所住了一段时间。他经

第七章 游历结束

常走进码头看工人们做工,还经常拿起工具和他们一起干活。其他时候他会和三两好友在伦敦的大街上闲逛,考察所有让他觉得新奇陌生的东西,并向他的同伴讨论引进某个物件或某种技术的利害和可行性,不管那是什么,只要有助于改良他的国家就行。

外出时,彼得有时身着英国人的装束,有时身着普通船工的衣服。他发现后者可以让他更自由地在码头和船坞附近走动。尽管他想尽办法乔装打扮,可还会被人认出。那些在船厂可能见过他和他的朋友的人会指认出他。围观者们就会窃窃私语,说这就是俄国沙皇,或者会围上来,他走到哪儿,他们就跟到哪儿。在这种情况下,一旦彼得发现自己被认出,他就会立刻离开。

伦敦还有其他让彼得感兴趣的参观对象,其中伦敦塔引起了他的注意,当时和现在一样,这里保留了大量形形色色的武器。这些武器中的大部分今天还在使用,它们被放置在那里随时待命派上用场,还有相当一部分在过去的年代曾经被使用过,如今已被新发明的武器替代,因而已变成标本。正如人们能预料到的,彼得在查看这些武器时兴趣盎然。

那些吸引游客前来伦敦的普通参观对象,如商店、剧场、公园、西伦敦的贵族们举办的同性恋派对以及其他诸如此类的景致,彼得都看过,但他一点儿都不感兴趣。他的思想已经完全被他的海军舰队占据了。他发现,正如他从荷兰的听闻中所能预料到的,英国的造船匠已经把他们的工作体系化了,他们通过固定的规则确定模型的比例,并根据按规则画好的草图建造船舰。对此,他在船厂进行了专注的学习;尽管在这么短的时间内,他不可能完全掌握这些知识,但足以让他洞察到这种方式的本质,这将非常有助于他将这种方法引入自己的国家。他还做了一件更重要的事。在忙于考察造船厂和码头时,他充分利用每一个机会结识船工,尤其是船厂的工人头领,并聘请他们去俄国,为他建造海军的计划效力。

总之,相比于在荷兰所见识到的,英国的造船方式更令彼得欣赏;他甚至认为一开始就应该来英国,因为英国的造船方技术比荷兰先进很多,他甚至认为在荷兰逗留那么久简直是浪费时间。

在时间允许的情况下,彼得在伦敦停留了足够长的时间,尽可能多地考察了伦敦及其附近的船坞,之后他去朴次茅斯市参观了停驻在那里的皇家海军。英国的南海岸似乎为这个伟大民族的海军和商业船队特意提供了一个天然的驻地。首先,在朴次茅斯有一个宽敞的深水海港,完全被陆地包围和保护。其次,离海岸几里外的地方是怀特岛,它为一片宽不少于5英里、长约20英里的水域提供了保护,全世界的舰队和海军都可以安全地停靠在这里。海峡的东西两侧都有宽阔的入口,由于海岸弯弯曲曲,两个入口都可以避开风暴的入侵。

第七章 游历结束

朴次茅斯的正对面,在这片封闭的海域里,有一片水域水深恰恰好,海底的构造也刚好适宜战船停泊。这个地方被称为斯皮特黑德,是全世界最有名的抛锚地之一。英国庞大的舰队正是在这里集合,远航结束返回时也正是在这里抛锚停泊。汽船从朴次茅斯前往怀特岛时,要从舰队中穿过,当汽船甲板上的参观者看到那些装配着两三排大炮、面目可怕的海上"怪兽"静静地躺在停泊处时,无不感到震惊。

为了给彼得提供一个观看斯皮特黑德舰队的好机会,英国国王委任海军舰队司令陪他前往朴次茅斯,让舰队下海,在海峡中模拟海战。这一景象给彼得带来的愉悦之感无以比拟。他用最热情洋溢的语言表达了他的赞赏之意。彼得真诚地认为做英国海军舰队司令要比做俄国沙皇幸福得多。

最后,沙皇回国的时间到了,英国国王送了一艘精致的游艇作为礼物,这本来专为他制造,用于他往返于英国和荷兰之间的航行。这艘游艇的名字叫"皇室号",是一艘配备了武器的军舰,载有24门大炮,制作精良,通体装饰华丽。带着一路跟随他到英国的同伴和·大批他聘请来为他回国效力的人,沙皇乘坐这只游艇从英国起航了。他招募的这些人中,有些是造船匠,有些是去修建顿河和伏尔加河之间运河的工匠。顿河汇入黑海,伏尔加河则汇入里海,修建运河的目的就是能让俄国的舰队随意出入海。

一旦运河开通，就可以在任何一条河流上制造船只，船只可以用于任何一片海域。

当然，出于各种目的而被雇佣的那些英国人被许诺给予大笔报酬。后来，他们中有很多人后悔来到俄国为这样一位主人效力。他们抱怨说，自从抵达俄国，他们受到彼得极为不公和非常粗鲁的对待。他们不是带薪工作的工人，而是被投进监狱的犯人，为了防止他们在完成工作前逃回自己的国家，他们受到严密的监视和看守。其次，他们收入的一大半被克扣，托词是沙皇有必要掌握薪水，以确保他们在工作中尽忠职守和在工作未完成前坚守岗位。其中有位绅士，毕业于阿伯丁大学，是位苏格兰数学家和工程师，他在写给彼得的一份信中曾义正词严地投诉他受到的待遇，这封信至今仍保留完好。他提出一个强有力的例证来说明他受到的不公正待遇。

然而，无论这些人最终会多么失望，当他们乘坐沙皇华丽的游轮离开英国时，因为被这样一个有权势的人选中去遥远的地方完成重任时，这种荣耀令他们洋洋得意。同时，他们还对回国前能获得的名利有很高的期望。这艘游艇从英国航行到荷兰，彼得在此登岸，加入大使团，在回国前随他们一起访问了中欧一些国家。

他先去了维也纳，虽然仍然匿名，但当时的神圣罗马帝国皇帝利奥波德为他举办了非常特别的接待仪式。他走出会客室的大门，在一个连通房间的后楼梯口会见彼得，

第七章 游历结束

这楼梯是他私人专用的。彼得在首席大使列福尔特将军的陪伴下,由两位奥地利皇家官员——宫廷大臣和皇家侍从,

神圣罗马帝国皇帝
利奥波德油画像

引导着走上楼梯参加会见。两位君主互做介绍后,神圣罗马帝国皇帝脱帽向沙皇鞠躬行礼,然后又戴上帽子,但彼得并未戴帽子,因为他当时并没有担任自己作为沙皇的角色。神圣罗马帝国皇帝领会到这一点,又脱下帽子,于是两人在这次会见中都没戴帽子。

会面结束后,维也纳举行了盛大的游行和欢庆仪式。彼得和大使团一起出席了很多此类的庆典,但他从来都没有以真实的身份示人。然而他还是被认出来了,因为他是

人们明显关注的对象,虽然不是通过直接的方式。比如,有一次,神圣罗马帝国皇帝在皇宫举行了一个假面舞会;彼得以一个荷兰北部西弗里斯兰省农夫的装扮出现在舞会上。神圣罗马帝国皇帝也以假扮的形象出现在舞会上——一个表演会上的主人,由32个身着管家衣服的年青侍从服侍。晚上,有位侍从给皇帝拿来一个珍贵的玻璃杯。侍从斟满了酒,然后递给国王,国王接过酒杯来到彼得身边,为西弗里斯兰农夫(彼得的假名)的健康干杯,然后意味深长地看着他说,他非常清楚这位农夫对俄国沙皇的神圣情感。作为回应,彼得也为主人的健康干杯,并说他也非常清楚这位主人对神圣罗马帝国皇帝的神圣情感。

在场所有人都为这些祝酒词热烈鼓掌,喝完酒后,皇帝把那个珍贵的酒杯送给彼得,希望他收下,作为这一场景的纪念品。

维也纳的欢庆仪式最终被来自莫斯科的消息打断,消息称莫斯科发生了叛乱。这一消息改变了彼得的计划。他本来还计划去威尼斯和罗马,得知叛乱消息的彼得取消了这些计划,带着列福尔特将军和一支大约30人的小分队,从维也纳启程赶回莫斯科。

第八章

叛乱

精彩看点

沙皇的预防措施——彼得的狂怒——阴谋——禁卫军的借口——军队出发——莫斯科的警报——戈登将军——和叛军谈判——教堂的影响——站在叛军一方的神职人员——保守主义——俄国的神职人员——准备战斗的军队——叛乱分子被击败——大屠杀——彼得抵达莫斯科——彼得亲自执行死刑——禁卫军——绞刑架——给索菲亚写演讲词的人——沙俄的老牌贵族——工匠们抵达莫斯科——索菲亚的隐退——索菲亚之死

第八章 叛乱

彼得在动身游历之前，就采取了所有可能的措施，以防他外出期间发生叛乱。索菲亚公主被严格限制在修道院里。所有的禁卫军旧部都被调去守卫离莫斯科很远的要塞，因为他认为他们极有可能不满于他提出的改革措施，并且有可能支持索菲亚。他特意挑选了一些对他忠心不二的军队来守卫莫斯科，任命了军队的指挥官，委任了他不在期间处理政务的主要内务大臣。

尽管做了所有的防御措施，彼得仍然觉得不够安全。他太清楚索菲亚的野心和她的阴谋伎俩，整个游历的过程中，他严密地关注着来自莫斯科的消息，一旦有必要，他随时准备返回。他总是和朋友谈论这个话题。愤怒地谴责他的敌人，并威胁说，一旦他们趁他外出采取任何反对他统治的行动，他绝对不会放过他们。那个时刻，由于受到面部和头部神经疾病的侵袭，彼得的面部表情和行为举止就变得更加丑陋，尤其当他处于盛怒的时候，肌肉的剧烈抽搐会使他的脑袋猛地扭向一边，面部出现可怕的扭曲，令人不敢直视。据说这种病症是由他小时候经历过的一次惊吓所导致的。不管真相如何，这种病症随着年龄的增长而日益加重，当他发怒时，这个病症就表现得最明显最强烈，加上粗俗可怕的语言和暴躁的行为，这使彼得看上去不像是人，更像是小说中丑陋的怪兽。

彼得外出期间，敌人的举动正是他害怕的事情。刚离开几个月，彼得的敌人们就开始密谋反对他。那个时候，国与国之间的通信手段还很落后，所以很少有关于沙皇行动的确切消息传回莫斯科。那些反对他的贵族开始和人们散布说沙皇不知道去哪里了，并且也不确定他是否还会回来。此外，他们还说，就算他回来，他只会带来从外国进口的新鲜玩意儿和外国的礼仪规矩，并致力于替换和推翻本国古老的优良传统，而且为了安置他从国外带回的地位低下的外国冒险家们，他会把本地的古老家族驱离本该属于他们的地方，而这些土地本来是他们家族的荣耀。

这些传言令人们的反对情绪日益增长，反对党的力量也逐渐加强。他们策划了一次暴动。他们的计划是，首先，通过禁卫军占领莫斯科市，届时禁卫军将会被从远处的岗位召回，在他们的协助下谋杀所有外国人。然后，他们将会发出公告宣布彼得由于离开本国太久，实际上已经退位；他们还将发出一份致索菲亚的正式信函，呼吁索菲亚取代彼得登上皇位。

第八章 叛乱

为了实施这一计划,首先要和禁卫军协商,禁卫军欣然同意了这一提议。一个三人组成的委员会被委任起草对索菲亚的致辞,禁卫军抵达莫斯科城门后的所有行动细节都被安排好了。当然,卫兵们需要一些借口才能脱离岗位前往莫斯科,而城里的密谋者要等到禁卫军到达,才能做好叛乱准备以及宣读皇位空缺的事。因此,当阴谋者们保持静默时,禁卫军开始抱怨他们遭受的种种不公正待遇,尤其抱怨他们的薪水没能定期发放,他们宣称要向莫斯科进发并讨回补偿。政府——也就是彼得走之前委任的摄政团——派出代表,试图安抚他们,但以失败告终。卫兵们坚持要到莫斯科去讨说法。于是约有一万人的禁卫军队伍出发了。他们声称去莫斯科只是为了向政府陈述自己的诉求,事后会安静地返回。他们还说,希望知道沙皇的近况,而不是一味听信传到边远之地的谣言,所以他们要亲眼看看沙皇是否安好,何时回国。

政府代表立刻以最快的速度返回莫斯科,报告说禁卫军已全力朝莫斯科开进。整个莫斯科市顿时陷入混乱。许多名门望族担心受到牵累,举家搬迁。其他人则将他们值钱的物品打包藏了起来。政府虽然尚不清楚禁卫军这样行动的真实意图,但对此十分警惕。他们立刻命令一支全副武装的军队前去迎战那些暴动者。这支军队的首领是戈登将军,彼得在动身游历前就将他提拔到总指挥官的位置了。

戈登将军的军队在离莫斯科城 40 英里的地方和叛军狭路相逢。靠近叛军后，他下令停止行军，然后从他的营地派出一个代表团前去和叛军首领协商，希望通过和平的方式解决问题。这个代表团由国内德高望重的老贵族组成，他们自告奋勇随将军出征。戈登自己是个令叛军反感的外国人，如果他亲自前去与叛军谈判，他的外国面孔无疑只会激怒他们。

代表团和禁卫军首领进行了谈话，并向他们允诺了较优的安抚条件。代表团保证，只要他们愿意回到岗位，政府不仅不会追究他们擅离岗位、向莫斯科进军的严重罪行，还会调查和补偿他们提出的所有不公正待遇。但禁卫军根本不听，并说他们已经下定决心去莫斯科。他们只想知道彼得到底是生是死，如果他还活着，近况如何，他们声称这样做是为了让自己安心。因此，他们会继续前进，如果戈登将军和他的军队试图阻止，他们将会奋起迎战，看看到底谁更强大。

像这种发生在古代欧洲非新教国家的内乱，教会和神职人员在关键时刻的立场通常十分重要。的确，教会和神职人员本身不能参战，也不能为他们支持的一方增添任何实质性的力量，但他们能增加信心、鼓舞士气。出于本能，人类敬畏任何合法化的当局，尽管有时候会暗暗反抗，可一旦真的发生冲突，他们就会倾向于摇摆不定、放弃战斗。毕竟，同自己的政府对抗总是让他们产生做错事的感觉，

第八章 叛乱

这会极大地削弱他们的斗志，一旦出现不利，他们随时会在惊慌恐惧中放弃战斗。然而，如果他们得到教会和神职人员的支持，那就另当别论了。宗教的支持很重要，一想到他们是在为上帝和责任而战，他们立刻就鼓足了勇气，充满了必胜的信心。

情况正是如此。社会上再没有谁比教会更加反对沙皇改革的提议了。实际上，教会一直如此，他们对进步和改革总是持反对意见。这并不是说他们真的反对进步，而是害怕改变。他们自称保守派，希望一切都能维持原样。他们憎恨摧毁的过程。当然，如果一件事物是好的，那就保留它吧；可是，如果它不好，最好把它拆毁。因此，如果有人问你是否是保守主义者，你就回答，这取决于被诟病的制度或惯例的性质。如果它是好的，那就留着；如果不好，那就摧毁它。

关于彼得推行改革的事，教会和神职人员是最坚定的反对派。当然，莫斯科的阴谋者们在制定计划时，和主教以及主要的神职人员进行了沟通；在安排禁卫军向莫斯科进军时，他们特意派神职人员一路跟随，鼓励军队，对卫兵们宣扬推翻现任政府、恢复索菲亚的统治大权是为上帝和宗教事业服务，他们将把大批破坏俄国优良传统的外国异教徒驱逐出境。

正是神职人员的支持给了禁卫军勇气和信心，使他们无视戈登将军的大军，坚持向莫斯科进军。

两支军队越来越近。按照应对此种情况的惯常做法，戈登将军下令让一队他带来拦截禁卫军的炮兵在对方到来之前开火，但他指示说大炮要瞄高一点，让炮弹从叛军的头顶上飞过去。他这样做的目的是为了吓退他们。但效果却适得其反。那些来到叛军队伍鼓舞士气的神父们说，奇迹发生了。他们说，是上帝为他们挡开了炮弹。他们正在为上帝光荣的事业和保护神圣的宗教而战，他们应该相信上帝不会让他们受到伤害。

然而不幸的是，神父们对这些可怜的卫兵们做出的保证被证实是没有任何根据的。当戈登将军发现，在叛军头顶上方开火根本没用后，他立刻放弃了和解的希望，决定动用全部武力，以最坚决残酷的方式歼灭所有敌人。两三千叛军被杀死，其余都被包围俘虏。

戈登将军采纳了身边老贵族们的建议，首先清点了俘虏的人数，然后每十人一组处以绞刑。接下来对军官们处以酷刑，迫使他们招供进军莫斯科的真实意图。在忍受了人类所能忍受折磨的极限之后，他们终于招供了，承认这是一次与莫斯科城内的阴谋有关的行动，阴谋的目标就是推翻沙皇，释放索菲亚公主，拥戴她登上皇位。他们还供出了莫斯科市内好几个主谋的名字。

与此同时，消息也已传到维也纳的彼得那里，正如上一章所述。在难以描述的盛怒之下，他立刻动身返回莫斯科。抵达首都后，彼得立刻着手调查这件事，对每一个他认为可能是主谋的人施以酷刑。他从这些人口中逼问出了无数参与者的名字,这些人一被供出,立刻被逮捕处死。很多老贵族、地位高贵的女士和一大批神父就这样被定罪判刑。他们全都被以最残忍的方式处死。有些被砍头了;有些被车轮碾压过,在极端的痛苦中慢慢死掉。有些被活埋,只把他们的脑袋留在地面上。据说彼得亲自处死了很多犯人。有次他在宴会上喝得半醉,然后下令带上来20个囚犯,他喝着白兰地,命令将犯人一个接一个地带到断头台,亲自砍掉他们的脑袋。据说他在一小时内砍掉了20个囚犯的脑袋,每3分钟一个。这个故事恐怖得令人不敢相信,但遗憾的是,它正好符合彼得在人们心中的一贯风格,尤其当他处于醉酒和暴怒的状态下所表现出的残忍。

大约两千禁卫军被砍头。他们的尸体被一排排摆放在公共场合,脑袋被放在旁边。这些尸体占了一英亩多地。直到春天来临,他们才被扔进一条挖好的深沟,后被掩埋掉。

所有通向莫斯科的大道上都竖起了绞刑架,上面挂着被绞死的尸体,和那些被砍头的卫兵们一样,一直挂到来年春天。

对索菲亚公主来说,她仍然在彼得因禁她的修道院里,因为在她得到释放前,阴谋者们的诡计就被识穿了。然而,彼得下令将为索菲亚写演说词呼吁她登上皇位的三位作者带到修道院,吊死在索菲亚的窗前。随后,按照他的命令,主要负责人的胳膊被砍下来,演说词被放到手里,等握纸的手指变得僵硬之后，这支胳膊被钉在索菲亚房间的墙上，保持一种好像正在给她递演说词的动作，这一状态一直维持到演说词自己掉到地上为止。

这就是彼得镇压反叛的可怕手段。毫无疑问，他认为只有通过这种严酷的做法，才能达到他的目的。无论如何，他的目的是达到了。叛乱被彻底镇压下去，所有反对沙皇推行改革的抗议之声也停息了。少数几位坚持拥护旧习俗的老贵族也从公共事务中退出，从此过着隐居的生活，向虔诚的保守派那样哀悼，因为他们认为，领导这个国家的激进主义和创新精神会使俄国最终走向毁灭。旧禁卫军已被彻底证明根本不可能改变立场支持彼得，所以被取消了，用另一支通过不同制度改组后的军队取而代之。此时，彼得聘请的来自英国的造船工人以及其他机械师和工匠抵达俄国。实施改革的道路畅通无阻，彼得可以继续推行他的改革计划了。

索菲娅公主已被她所经历的骚乱和危险折磨得筋疲力尽，她弟弟展现在她面前的这些可怕景象终于令她崩溃，她在决定彻底退出。在她被囚禁的修道院里，她戴上面纱扮成修女的模样，然后逃到其他姐妹的修道院。她的化名叫马尔帕。

当然，她所有野心勃勃的愿望如今都落空了，尘世的最后一缕希望也从她心中消逝。失望、无助和痛苦中的索菲亚日益憔悴。6年后，这个修道院的所有修女随着姐妹马尔帕的尸体一起进了坟墓。

第九章

改革

精彩看点

彼得开始推行改革——军队改建——改变着装——军官——新的任命——沙皇的动机和目标——税收方式——神秘的力量——常备军的管理——妙计——专治对自由——美国人民的政策——常备军——虚弱的美国政府——人民保留权力——彼得的政策——教会——神职人员的保守主义——大主教——古老的风俗——游行中的沙皇——徽章——彼得对这件事的反思——彼得的决心——他谨慎行事——和主教的较量——彼得获胜——其他改革——征税——新的税收体制——人们的行为举止和习俗惯例——胡子——禁止穿长袍——滑稽的效果——弄臣的婚姻——古怪的袖子——使用袖子的方式——街上的波雅尔——一侍从队伍——彼得改革了整个体制——沙皇的动机——他改革的最终成果

第九章 改革

当彼得对那些他认为和反叛有关联的人实施了报复之后，立刻就把注意力转向改革上。尽管对反叛者的严酷镇压有效压制了人们的公开反对，但私下里仍有人对他的改革持有非议。彼得在位期间坚持推行改革计划，虽然在实施过程中困难重重，但他最终还是完成了改革并使之得以持续下去。尽管迄今已有很多关于这些改革的介绍，我还是打算在这一章对彼得大帝的改革进行简单的叙述。

沙皇首先关注的是军队的整体改组。他建立了新军团，将禁卫军取而代之，使整个军队立足于一个全新的基础之上。他废除了旧的士兵制服——一种传统的俄罗斯服装，类似于苏格兰高地的人所穿的服装，这种着装跟古老的民族习俗有关，这都是彼得打算废除的。新的制服不仅比旧的更轻便，而且对转变人们的思想观念起到很大作用，能使人们从旧的观念中得到解放。士兵们立刻感觉眼前焕然一新，属于新时代了——一种更崭新更高级的文明时代。这一简单改变所带来的影响非常显著——服装和其他外在符号对人的情绪的影响不可小觑。

彼得曾经在列福尔特将军的建议下对他的近身侍卫和警卫做过类似的革新，但现在，他要对整个军队实施同样的改革。

除了对服装和纪律做了改进之外，彼得还制定全新的军队管理制度。许多老军官——他们被证实或怀疑对彼得的改革计划抱有敌意——要么被砍头了，要么被流放了，剩余的人也被从军队中调走。他从那些转而拥护他的贵族家庭，或他以官职和荣誉拉拢的贵族家庭选出一些年轻人，指派和委任他们补充这些空缺的职位。

当然，沙皇重组帝国军队、加强军队力量的伟大目标并不是为了更有效地抵御外敌或镇压内乱，以防人民的生命财产受到威胁，而是为了确保和稳固他自己作为最高统治者的权力。像彼得这样的君主的确希望国家在他们的统治下日益强盛，财富和人口数量得以增长；但他们这样做就像房地产老板希望增加自己的财富，只关注他自己作为财产主人的个人利益。就像他在军队改革中所做的，使整个军队立足于一个全新高效的基础之上，目的主要是为了加强和巩固他自己的权力。毫无疑问，他也希望维持国内和平，这样人们就可以正常从事生产活动，他希望增加税赋，而缴纳税赋的能力和一般工业的生产率成正比；尽管如此，他所考虑的终极目标仍然是他自己的高度优越感和巨大荣耀感。

当年轻人读到历史上行使权力的暴君以及他们践踏自

己同胞权利时所犯下的暴行时，有时候会感到迷惑，一个人何以得到或持有支配上百万人的绝对权力，并且可以下令让他们之间进行大规模的互相杀戮。这是怎么回事，一个虚弱、卑鄙、令人憎恶的人能得到和持有超越他身边所有人的优越感，只要他下令，他身边的人会随时拔剑，毫不迟疑、毫不怜悯地抓住并摧毁任何他选择发泄怒火和复仇的对象？这又是怎么回事，这个国家最富有、最受尊敬和最受欢迎的公民，尽管身边朋友众多、仆役成群，面对命运却必须毫不挣扎地放弃，仿佛这就是宿命？

上百万人对一个人的绝对服从，这其中的秘密通常在军队。暴君经常打着保证法律公平正义、维持和平和社会秩序的幌子组建军队。他设法安排调整军队，使之完全和社会上的其他人脱离，这样就可以完全消除士兵和人民之间的感情。结婚是被禁止的，如此一来，军队通过家庭与社会建立的纽带就被完全断开。兵团住宿在为他们特别建造的营地，还经常被从一个营地换到另一个营地，目的是为了防止他们和这一区域的人建立过于亲密和熟悉的关系，或者对他们产生兴趣或同情心。然后，为了弥补，士兵们被允许不受约束或限制地沉溺于各种懒散的恶习，只要他们的做法不会干扰军队纪律，或破坏整个军团的战斗力。士兵们很快就喜欢上了这种不受约束、懒散放纵的生活方式。军官们，尤其是那些军衔较高的，拿着丰厚的薪水，穿着华丽的衣服，在任何地方都被特别招待。这样，他们就会全身心地忠于沙皇，慢慢忘记对人民权利和生活的关心与同情。他们和沙皇达成一种默契，军队必须使人民完全地、绝对地服从统治者的意愿，而统治者必须从人民那里榨取大笔的金钱来支付军队所需的军饷。所以，常备军才是最重要最可怕的，它就像是一把令人望而生畏的剑，足以震慑数百万人，使他们完全顺从其意志。

彼得希望军队具备很高的效率，因此他尽可能彻底地断绝它和人民之间的交流与认同感，目的是为了使它绝对忠心并服从他的个人意志。他采取的措施非常巧妙地符合了他的目的。通过这些措施，他极大地加强了自己的权力，为独裁统治奠定了一个坚固持久的基础。

彼得没有忘记，在叛乱后期，教会和所有重要神职人员的反对带来的影响。当时俄国的教会，神职人员的权力和特权，不是建立在理性或正义的基础之上，而是以古老的风俗惯例为基础。神父们自然会反对所有的改变——甚至是进步——在宗教领域中的惯例和制度，因为他们害怕，一旦改革进入这个领域，会波及他们自古就拥有的特权。任何一个国家的教会总是会反对任何一种改革，因为神父或牧师们都是凭借教会享有地位，获得财富和权力。教会甚至对改革这个字眼深恶痛绝。

彼得下定决心要掌控俄国的教会。截至当时，教会很大程度上还是独立的。它的首领是一位位高权重的神父，被称作"大主教"。这位大主教的权限遍及整个欧洲东部地区，他的地位和权力跟罗马教皇很接近，后者统管整个西部世界。

实际上，这位大主教如此位高权重，又是如此受人们敬仰，可以说他就是这个国家的精神领袖，就如同彼得是这个国家的民事和军事首领一样；在一些宗教仪式上，他的地位甚至要优于沙皇本人，事实上沙皇还要向他表示敬意。在一次重大的宗教纪念仪式上，一如既往地举行了盛大的庆典和游行，按照惯例，大主教骑马走过街道，沙皇牵着马笼头走在前面。在这种场合，通常马笼头会很长，像一对缰绳，用最华贵的材料制成，装饰着金色的刺绣。沙皇走在前面，绳环绕在他的胳膊上。沙皇身后紧跟着三四位宫廷的重要贵族，他们手握缰绳，其中一位握紧靠近马头的缰绳，以引导和控制马的行动。按照习俗，大主教和神父们都身着长袍，这有碍于他们正常上马，于是一个方正平坦的座位被放置在马背上，就像安置马鞍一样，大主教端坐在座位上，两脚垂在一边。当然，他的手是自由的，当骑马走过时，他用两只手划着十字，向人们送出上帝的祝福。

在这种场合，大主教身后紧跟着大队的神父，所有人都穿着昂贵华丽的教士长袍，戴着各种各样的宗教徽章。有的手持昂贵的福音书，用黄金装帧宝石装饰；有人举着十字架，还有人带着圣母玛利亚的画像。所有这些受到尊崇的物件上都满满装饰着最华贵的珠宝。

如果仅仅就这些盛会和仪式而言,彼得可能很容易就满足了,他不会反对向大主教象征性的致敬,就像一年一次给他牵马走过大街,如果这就是全部的话。但他很清楚这些事情决不能仅仅被看作是外在表演。大主教是这个庞大组织的首领,这个组织遍布整个帝国,它的成员紧密团结在一个体系中,它的教规使他们依赖他们的精神领袖,并将自己完全奉献给他。此外,每个神父都对各自居住和履行教职的城镇和村庄的人们有着巨大的影响力。因此,大主教掌握着强大而广泛的权力,几乎完全独立于沙皇的控制之外——这是一

当时的大主教是艾德里安,他强烈反对彼得大帝的改革。图为艾德里安油画像

种已经反对过他的力量，将来某天可能也会危及他。彼得决定，决不允许这种事态继续发展下去。

但他选择谨慎行事。因此他一直安静地等到现任大主教去世。然后，他没有让上院的主教们按惯例推选一位大主教，他从两位可靠的朋友中选派出一位牧师管理教会。他向这位博学虔诚的官员指示，在履行日常职责时尽可能接近前任大主教的行事方式，不要以任何明显的变化干扰教会。实际上，他就是通过这种方式废黜了大主教一职，使他自己成为教会至高无上的首领。当帝国的所有神职人员领会到这种安排的用意时，他们感到极为震惊，相互之间毫不隐晦地表达他们的不满。沙皇听到这件事后，就选了其中一位说话最直白最坚决的主教，以藐视朝廷的罪名将他降职。其他主教们对此极力反对。他们完全不明白作为位高权重的主教竟然会被解职；此外，没有人有权利给他降职，因为他们一样都是职位相同的主教，没有谁的权力或权限可以凌驾于其他人之上。但他们又说，如果通过牺牲一个兄弟的方式可以拯救教会于目前面临的危难，他们也愿意；他们还说他们会罢黜被指控的主教，只要彼得恢复他废除的教会权利，允许他们继续选出一位新的大主教，接替已经故去的大主教的职位。

彼得对他们的提议置之不理；但他罢免了那个冒犯了他的主教，特意任命了一个新主教。因为这个主教被罢黜，其他主教都被迫服从了。没有人再敢公开反对彼得正在推

艾德里安大主教去世后,普克波维奇继任,他成为彼得大帝宗教改革的得力助手。图为普克波维奇大主教油画像

第九章 改革

进的事业,但是关于责难彼得对教会所作所为的传单却神秘地出现在街头巷尾,呼吁人们反抗他。彼得立刻重金悬赏查找那个散发传单的人,但无济于事,最终紧张的局势慢慢缓和下来,彼得成为最后的大赢家。

此后,彼得在帝国的政务管理方面实施了许多重大的改革,特别是针对地方政府及其税费征集的改革。当时,这项事务几乎完全掌握在地方官员手中,被他们处理得乱七八糟。这些官员们一贯的作风是一面跟老百姓残酷地征收税赋,一面在向国库上交税款时严重欺瞒沙皇。

彼得做出了彻底整改制度的安排。他在首都建立了一个中央办公处,专门办理关于征集税务的事,然后他向全国的所有省份派遣征税官,他们听从中央办公处负责人的指示,并将他们的信息直接反馈给他。这样一来,整个税收系统被重新改造了,其效率远胜于从前。当然,那些老的地方官员因为改革的缘故失去了中饱私囊的机会,如同那些虔诚的保守主义者一样,他们对此怨声载道,并且哀悼说,激进主义将给这个国家带来毁灭,可他们却不得不顺从。

任何时候只要彼得认为人们的个人行为和风俗习惯阻碍了他有效推行改革,他都会毫不迟疑地下令改变;他在改革中遇到的最大困难是人们反对彼得改变着装,以及抵制对日常生活习俗的改变。俄国人已经习惯穿着长袍,类似于今天很多东方民族的着装。这些服装非常不方便,对士兵如此，对工人如此，对所有从事普通职业的人也是如此。彼得要求人们改变这种着装；他把西欧人穿的衣服款式送到全国各地，悬挂在显眼的地方，使每个人都能看到，要求每个人都那个样子仿制。然而，在劝导人们这样做时，他遭遇了极大的困难。同样，在劝导人们剪掉胡子时，他遇到了更大的阻力。他发现人们不会受法规的影响去刮胡子，他开始对胡子征税，要求每位享有保留胡子特权的绅士每年缴纳 100 卢布的税费；对农民和普通人，所有留胡子的人只要进入城镇就会被拦住，每人每次在城门处缴纳一便士的税费或罚金。

他试图以类似的方式解决长袍的问题。管理风俗的官员驻守在城镇大门边，他们责停每个穿长袍的人，迫使他们交 50 分的罚金，或让他们跪下，用大剪刀剪掉拖曳在地上的外套或长袍。

即便如此，人们对他们的旧式服装如此眷恋，以至于很多人宁愿交罚金，也不愿剪掉衣服。

有一次，彼得终于将他赖以完成事业的严厉恐怖的制度放在一边，宣布要好好嘲弄一番人们对旧式滑稽着装的依恋。刚好宫中有个弄臣（小丑）要结婚。新娘很漂亮，也很有人缘，沙皇决定乘机将这个婚礼办成一次盛大的闹剧。因此，他安排婚礼在宫中举行，并向所有的达官显贵及其妻子，还有宫中地位高贵的女士们发出请柬，要求她们穿上一两百年前俄国宫廷中盛行的服装。今天流行的服

第九章 改革

装除外，这个场合没有什么比那些重现的服装更令人觉得笨拙滑稽和不便了。此外，女士们的袖子据说有 10 到 12 码长，而且很宽大，松松垮垮地套在手臂上，在当时，这是一种时尚，在肩膀和手腕之间堆积尽可能多的袖子。还有，据说女士在社交场所遇见男士，打招呼的惯用方式就是袖子。当男士走近时，女士会突然灵巧地一抬手臂，将袖子的一端掷向男方。因为袖子足够长，可以穿过半个房间落在男士面前，这位男士会拿起袖子的一头，假装这就是女士的手，以最恭敬的方式行吻手礼，然后放下，女士又将袖子收回到自己手臂上。就时装的荒唐性而言，这确实滑稽得令人难以置信。

当时盛行的许多习俗惯例，和那时的服装一样，极不方便，也很荒谬。对此，沙皇以简单武断的方式毫不犹豫地实施了改革。例如，按照旧习俗，所有地位显赫的贵族，也被称作波雅尔，不管在城市还是郊区，身边总是跟着大队仆从，场面非常壮观。由于随从们只能步行，贵族们乘坐马车，或者在冬天就是雪橇，为了能让随从们跟上，他们不得不缓慢行驶。因此，大街上满是行动缓慢、冗长沉闷的队伍，无论刮风下雨，男人都得光着脑袋，因为他们不能在主人面前戴帽子，这样，他们的脑袋就不得不裸露在接近北极气候的严酷低温里。更糟糕的是，贵族如果和随从走得一样快就被认为有违时尚。他们认为走得越慢，就代表自己越尊贵越庄重。因此，一位贵族越是尊贵，越想在大街上展示他的重要性,就要走得越慢。要不是那些旗帜和徽章以及仆从们衣服上明艳的色彩,这种行进中的队伍能制造出一种葬礼特有的肃穆氛围。

沙皇决定要改变这一切。首先,他以身作则,快速经过街道。当他坐马车或雪橇时,也只带很少几个随从,他们着装整洁,骑着大马,车夫也会遵照他的指示快速通过街道。波雅尔们逐渐开始效仿他,沙皇又给他们制定了法规,限制他们携带仆从的数量;如果他们不解散超额的仆从,他就亲自带走这些人,并把他们送到军队。

沙皇实施改革和革新的动机是为了使他作为最高统治者的权力更集中更高效。最终,他的改革取得了非常出色的成就,极大地增强了俄国国力,推动了文明发展,在接下来几任君主的统治下,俄国最终跻身于欧洲强国之列。改革带来的进步一直延续到今天,也许还会畅通无阻地延续到将来。

第十章

纳尔瓦之战

精彩看点

和瑞典战争的开端——和土耳其人和解——查理十二世——纳尔瓦之围——边界——战争计划——愤怒的瑞典国王——荷兰和英国的抗议——里加的瑞典国王——处于下风的沙皇——克罗伊将军——他的计划——国王的行动——突袭和击败俄军——可怕的屠杀——处理俘虏的奇怪计划——新的计划和安排

第十章 纳尔瓦之战

读者大概还能回想起来,彼得曾经多么渴望让他的领土向西扩张,这样在波罗的海就可以有海港了。他刚继位时,波罗的海的东岸属于波兰和瑞典,俄国人的海上行动很大程度上被局限在黑海和里海以及汇入这两片水域的河流上。在游历之初,当彼得来到里加市,站在从波罗的海延伸出来的里加海湾上,本地官员按瑞典国王的命令,拒绝让他参观防御工事,这让他极为恼火。他那时就下定决心,里加及其所在的省迟早有一天会属于他。结束游历返回那年,也就是1699年,镇压反叛后,当整个国家秩序恢复正常,彼得认为实施计划的时刻到了。

于是他派出谈判团步行前去和土耳其人达成长期休战的协定,他不想同时两边开战。当达到目的后,彼得和波兰、丹麦结成联盟,向瑞典宣战了。他的计划如此之周密,以至于他和土耳其签署完休战协议的第二天,就向瑞典宣战。

当时的瑞典国王是查理十二世,才18岁,刚刚继承王位。但他是个有着非凡天赋和精力的国王。在接下来跟彼得及其盟国的交战中,他表现得异常出色,从此声名远扬,跻身于历史上最杰出的军事英雄之列。

此次战争的第一个行动就是保卫纳尔瓦。纳尔瓦是波罗的海上的一个港口。纳尔瓦坐落在靠近边界的海岸上——比里加还近。彼得盘算,通过占领这座城市,就可以得到通向海洋的入口,这样他就能建造船舰,借助它们开展后面的行动。他还盘算,一旦纳尔瓦得手,进攻里加的路就被打通了。事实上,就在他包围纳尔瓦的同时,他的盟国波兰,已经从其本土向里加进发了,准备在沙皇围攻纳尔瓦的同时攻打里加。

与此同时,已有信使将这些行动的信息上报给瑞典国王,彼得突然向他发起战争,侵略他的土地的做法使他极为气愤。彼得假称和瑞典国王失和的唯一原因就是他游历途径里加时,地方官员粗鲁地拒绝他参观防御工事。彼得的确曾抱怨受到侮辱的事,正如他所说,还曾向瑞典派特使要求道歉;对方也做了一些解释,尽管彼得声称对此不满意。然而,谈判并没有结束,瑞典政府也不知道误解会导致战争。事实上,当消息传来,说彼得以向瑞典宣战和攻入其领土的方式解决这个问题时,他派去的特使还在瑞典的宫廷继续谈判呢。瑞典国王立刻调集大军,准备了一支两百艘军舰组成的舰队,通过舰队运送他们前往战场。准备工作很快完成,舰队向里加进发了。

瑞典国王查理十二世油画像

战争的消息引起西欧诸国政府的强烈不满。荷兰政府尤为不满，因为战争将会影响和干扰他们在波罗的海的商业贸易。他们抗议沙皇的行动，并说服英国国王威廉和他们一起发出抗议。同时，他们派了一位信使前去觐见波兰国王，通过各种手段说服他暂停攻打里加，直到采取措施解决争端。里加是个重要的商业港口，那里有很多有钱的荷兰商人，荷兰政府急于保护他们的利益。

瑞典国王带着他的舰队到达里加的同时，荷兰政府的劝诫信也刚好送达波兰国王的手中，当时他正在向里加进发准备发起进攻。奥古斯都，即当时的波兰国王，发现有一大队兵力抵达里加支援和加强这座城市，他获胜的可能性微乎其微，于是决定变不利为有利，因此他撤回自己的军队，并带话给荷兰政府说他按他们希望的那样做了。

当然，瑞典国王只好从里加又赶往纳尔瓦，和沙皇的军队交战。

然而，这支军队并非由沙皇亲自指挥。在他的所有伟大事业中，他最钟爱一种安排，这也是他的一贯风格，他并没有亲自直接指挥这次远征，而是推选了另外一个经验丰富、战术高明的人作为指挥官，而他自己只担任海军上尉的副职。他初次进入军队就是以最低的级别，然后经过逐级军阶晋升慢慢升职，对此，他感到很自豪。彼得指派围攻纳尔瓦的总指挥官是个德国军官，他就是克罗伊将军。

当瑞典国王抵达里加时，克罗伊将军已经到城外好几个星期了,但他在攻城上几乎没有取得任何进展。这座城市防御坚固,尽管守卫部队相对虚弱,但他们展开了非常勇敢的抵抗。俄军驻扎在城外一处很有利的地方。瑞典国王赶来的消息一到,沙皇就回到国内,再次督促加强防御。同时,克罗伊将军派遣大批的士兵埋伏在瑞典国王前往里加必经的道路和峡谷两边。

但所有这些巧妙的布防都被这位勇猛机智、本领非凡的瑞典国王击破。尽管他的兵力和俄军相差甚远,他还是立刻动身赶往纳尔瓦;然而,他并没有沿着老路走,那样

瑞典与俄国双方军队在纳尔瓦激战

就会掉入俄军为他设计好的埋伏圈,而是转入一条背面的、弯弯曲曲的小路,这样就避开了陷阱。正值隆冬酷寒,他走的这条小路崎岖不平、错综复杂,而且被大雪阻塞,加

俄军在纳尔瓦战败

上俄军对他们的轻视,所以,当瑞典军队出现在俄军前方的岗哨时,他们被惊呆了。前方岗哨很快被拿下,瑞典军队步步逼近,俄军四散逃窜。因为当时起了暴风雪,风雪吹到俄军士兵的脸上,他们根本看不清向他们发起袭击的敌人人数,也无法采取有效措施重整被扰乱的队伍。

最后,瑞典士兵冲进前方岗哨,到达俄军大营,并立刻发起了总攻。俄军大营外构筑了一道防御墙和一道侧双沟作为抵御工事,但瑞典士兵们越过了这些障碍,挥舞着他们的刺刀继续前进,所向披靡。俄军被彻底击败,溃不成军。

在这种溃败中,战胜的一方,被愤怒和战争的可怕刺

第十章 纳尔瓦之战

激弄得疯狂不已,他们对逃跑和倒下去的敌人穷追不舍,无数人死在了刺刀下,直到军官下令让他们停下来。实际上,军官不愿意阻止他们,直到确信敌人已完全被击败,再无可能发起反击。两万多俄军士兵就这样丧生在这个战场上,而瑞典方仅损失了两三千兵力。

除了被杀死的,还有大量的士兵被俘。克罗伊将军和其他主要指挥官都在俘虏中。假如彼得当时在的话,极有可能也被俘虏了。

俘虏的数量太多以至于瑞典方无法收留他们,因为养活他们又花钱又麻烦,而且在这样的季节还要给他们保暖;因此他们决定只留下军官,送走其他人。在做这件事的时候,除了解除他们的武器之外,瑞典人还异想天开地采取了一种手段,让他们在路上无依无靠又无法做坏事。他们剪破俘虏们的衣服,使他们必须举起双手衣服才不会滑落;天气如此寒冷——而且地面上全是雪——他们只有穿着衣服才不会被冻死。

所有的俘虏就是在这种不幸的困境中被一小队瑞典士兵像赶羊群一样赶到距离俄国边界约一里格(约3英里)的地方,然后放任他们自己找到回去的路。

当沙皇听到这一可怕消息时,倒是没有表现出不安。他说他预测到了会被瑞典军队打败。"他们这次打败了我们,"他说,"可能下次还会打败我们,但他们总会有一天教会我们如何打败他们。"

他立刻着手组建一支新的军队。他开始从全国各地征募士兵,还引进了许多外国军官为自己效力。为了制造大炮,他还下令把教堂和修道院的大钟拆下来铸成大炮。

第十一章

营建圣彼得堡

精彩看点

战争的持续——瑞典人的策略——独特的船——制造烟雾——彼得决定建造一座城——选址——彼得第一次去涅瓦河——喀琅施塔得——计谋——夺岛之战——彼得考察位置——机械师和工匠——建造之初——码头和堤坝——宫殿——供给短缺——随之发生的疾病——瑞典国王所说的话——地图——喀琅施塔得的地理位置——彼得计划建造堡垒——来自瑞典的危险——袭击计划——瑞典人被打败——他们的计划彻底失败

第十一章 营建圣彼得堡

争夺波罗的海东海岸是沙皇彼得和瑞典国王查理十二世之间争斗的开端,这场争斗持续了好多年。起初俄国人被瑞典多次击败;但最终,正如彼得所预言的那样,瑞典国王教会了俄国人如何打败他。

瑞典军官足智多谋,行动时也积极大胆,他们总是以智慧和勇敢在敌军面前占尽先机。例如,纳尔瓦战役之后,他们想出计谋,剪破俘虏们的衣服,使他们行走的时候,不得不举起双手以防止衣服滑落,这样他们的手都被占用了,只能无助地走上回家的路。还有一次,当他们不得不迎着驻扎在对岸的俄军渡过一条河流时,他们发明了一种特别的船,借助这种船他们得以安全地渡过河流。这种船底部平坦、四四方方,每只船的最前端都有木板做成的防御舷墙,非常高。这些舷墙被用铰链从底部固定住,可升可降。渡河的时候,舷墙就升起来,能够抵挡敌人的子弹,从而保护船上的人。但船一到岸,舷墙就可以降下来,这时它就可以被用作平台或桥,战士们借助它可以登岸。

他们准备船只、载人上船的同时,也在时刻观察风向,一看到风从他们这边吹向河对岸,他们就开始生火,然后在火上盖上湿稻草,这样就会产生大量浓烟。烟雾被风吹到河对岸,到处弥漫,使俄国人看不清他们正在做的事情。

第一次战争爆发约一年后,形势开始变得有利于俄军。那时,沙皇已经占领了波罗的海海岸相当大的一部分;一占领这些海岸,他就开始构想在这里建一座新城,使之成为俄国的海事和商业之都。这个计划得以成功实施,一座伟大的城市圣彼得堡就这样应运而生。圣彼得堡的修建是彼得任期内做过的最重要的一件事。事实上,彼得的盛名可能更多地要归功于这件值得纪念的丰功伟绩,而非其他事。

彼得大帝站在波罗的海岸边构想营建
圣彼得堡,亚历山大·班诺瓦绘

第十一章 营建圣彼得堡

涅瓦河全景

离海岸不远处有一个湖,叫拉多加湖。拉多加湖的出口是一条叫涅瓦的小河。许多河流从北边和东边的高地流下来,汇入拉多加湖;正是通过涅瓦河,过剩的湖水被带入大海。

沙皇的注意力被这里的有利地形所吸引。1702年,他出兵攻打瑞典时,来到涅瓦河边,这里离河口有点距离。他沿河而下,发现这条河流很宽,水深也足以用来行驶船只。当他到达入海口时,看到那有一座小岛,离海岸有点儿距离,那里可以构筑防御工事,一旦建好,就足以保护河流入海口。他带了一队全副武装的士兵坐船进入这座小岛,近距离考察它。当时这座岛还是一座无名岛,但现在,却因为固若金汤的喀琅施塔得堡垒而举世闻名。

就在彼得登上这座小岛的时候，远处海面上出现了一艘瑞典船，它驶近小岛，当他们从船上看到岛上有俄国士兵时，开始对着他们开火。他们想用大炮把俄国士兵从岛上轰走，但俄国士兵并没有从岛上撤离，而是藏在岩石的后面。瑞典士兵以为俄国人从岛的另一边乘船返回陆地了，他们决定登岛查看。

放下小船，大批瑞典士兵登上小船，排成一列向小岛驶近。他们刚一登岛，俄国士兵就从藏身的地方冲出来，短暂交战后，瑞典士兵被赶回船上。有些士兵被杀死了，剩余的返回船上后，迅速起锚逃跑。

之后，彼得就可以随心所欲地考察小岛、涅瓦河入海口以及与小岛毗邻的所有海岸了。他发现这个地方的位置非常适宜用作海港。小岛可以用于保护入海口，它一侧的深水区则可以用作船只的入口。诚然，这条河流沿岸很多地方都是地势低下的沼泽地，但通过向地下打桩做地基可以解决这个问题，这种做法在当时的荷兰很普遍。

彼得来这里时，这里还没有城镇，只在河流出口附近散落着几家渔民的小木屋，几英里外还有一座废弃的堡垒。彼得仔细考察了整个地区，然后果断地决定要在这里建一座大城市。

整个冬季他都在完善他的计划，次年春天，他的计划开始付诸实践。最早建造的是一座一层的木结构房屋，作为彼得督查建设进程的办公区和生活区。这栋建筑后

第十一章 营建圣彼得堡

来被细心地保存下来,作为这座城市奠基时的珍贵遗迹和纪念物。

彼得命令各省的大企业将指定数目的技工和劳力送到这里,协助建造这座城市。这点很容易做到,因为那个时代,劳动人民的地位比奴隶强不了多少,几乎完全受贵族奴隶主的驱使。他以同样的方式向各大城市派出代表,令他们四处宣传和招募木匠、泥瓦匠、工程师、造船匠以及其他各行各业城市建设需要的从业人员。他们向这些人承诺薪水丰厚、待遇良好,还能随时回家。

同时,他们还邀请所驻国家的商人派遣商船前往他们的新港口,为聚集在那里的施工人员运送食物、干活用的工具及其他需要的社会物资,他们也和商人们保证货物会卖个好价钱,并承诺他们往来通行的自由。

彼得还下令让大批波雅尔,即贵族,前往这座新城为他们自己修建房屋,他们必须随身携带足够多的农奴和侍从做所有粗活,至于精细活儿,则付钱让技术娴熟的外国工匠完成。波雅尔们对此非常不满。他们在莫斯科已经有房屋,周围还建有游乐场和花园。这座新城地处偏远的北方,气候相对阴冷潮湿;他们很清楚,即便彼得最后能建起这座新城,要想过上舒适的生活,那也得几年以后了。然而他们别无选择,只有顺从沙皇的意旨。

安排工作和准备工作就绪后,第二年的春夏,大批人员来到修建新城的地点。有人进驻到那些被瑞典军队劫掠并摧毁的村镇，这增加了前来新城的人口数量。大规模的建设工程立刻开展起来，夏季时的建设力度最大。当然，首要保障就是建造堡垒作为防御工事。还要修建码头和停泊处，方便商船运来的货品和物资上岸。勘测土地，设计街道，指派建筑基地给商人们作仓库和商铺，给波雅尔划分土地用于建造宫殿和花园。波雅尔们开始着手修建房屋，沙皇本人也开始为自己的宫殿打造地基。

尽管彼得已采取所有措施保证这项浩大的工程所需的物资供应以及系统有序的规划和管理工作，但这项工程开工后很长时间都处于混乱无序的状态，致使很多人遭受痛苦。有很长一段时间，工人没有地方可住。人口涌进这个地方的速度远远大于建房的速度，因此工人们不得不在沼泽地上露天而眠，干活用的工具也极度匮乏，如用于伐木、运送木材的工具以及开凿和填埋等地面改造所需的工具。例如修建防御工事，由于它由土建成，需要深挖沟渠和提高堤坝。给建筑物打地基时也有大量类似的地面改造工作。河流边要挖凿沟渠和修建堤坝，以防雨季河流暴涨，引发大水冲毁附近土地。还要开展修路、清除森林等工作。现在，要让聚集在这里的工人们马上开始工作，就必须要有大量的工具，如丁字镐、铁锹、铁铲和手推车；但这类工具如此短缺以至于修建沟渠堤坝的大量泥土都是工人们用他们的围裙、衣服的下摆、旧席子做的口袋或其他手头能用的材料搬运。即便有诸多不便，这些工作一刻都不能拖

第十一章 营建圣彼得堡

延,必须立刻展开,因为瑞典军舰仍停留在不远处的海上,鬼知道他们什么时候会开过来,朝着这里开炮,或许还会登上岸,在工人们干活时突然发动袭击。

物资供应经常短缺,这极大地增加了建设工程的难度。需要吃饭的人口众多。由于沙皇从全国各地调集人口的速度很快,据说那年夏天,这个施工现场的人数不少于30万。当时还没有通到这里的道路,所有物资供应都是从水路运到。但波罗的海一侧的水路被瑞典军队切断了。虽然俄国军舰可以取道内陆的拉多加湖,可是一连多日都吹着西风,军舰被迫返航,此时物资严重短缺,人们为此吃了不少苦头。为了防止物资供应被突然切断,人们经常被提前限制物资供应量。诚然,沙皇是在不断征集粮食;但毕竟人口增加的速度远远超过食物供应的速度。结果,大量人员生病死去。食物的匮乏,加上劳累和暴晒——半饥半饱,整日在泥水里劳作,夜晚露天而眠——这种境况引起热病、痢疾和其他类似的疾病,这些疾病经常在兵营以及暴露在这种生存环境的人群中肆虐。据说,那年在圣彼得堡被疾病夺去生命的人数高达10万。

彼得对于损失这么多人当然深感遗憾,因为这会阻碍他的工程进度;但这个问题毕竟可以通过从各省召集劳力,源源不断运送到这里而得到解决。那些被贵族和官员选中的农奴别无选择,他们被迫服从命令。如此一来,尽管死亡率一直居高不下,劳动力的供应却始终充足。

如果彼得在实施计划时稍微有点儿耐心和自制力的话，绝大多数遇难者也许能幸存下来。如果他第一年只送少数工人去那里开路、修建仓库及其他初期的准备工作，同时，购买食品并储存起来，努力获取足够多的工具并运送到施工现场，也许每项工作都进展得很顺利，但彼得的性格中没有耐心和克制一说。他想做并决定做的事必须立刻执行，不管付出何种代价；生命的代价对他来说是最轻的。他鲁莽冒进，不顾他的急躁引发了怎样的灾难，因此，庆祝这座新城诞生的颂歌是由数十万人的呻吟、死亡、痛苦和绝望谱写而成的。

彼得目睹了所有的灾难，因为他多数时间留在工地，监督和催促建设进程。事实上，据说他本人亲自担任总工程师，规划防御工事，设计街道布局。他画了很多图；因为他早期生活的各种经历成功地将他打造成了一个优秀的绘图师。

当城市的整体规划确定之后，预留了皇宫、游乐场所以及公共建筑用地，也划分了开放性广场、码头、市场等此类建设用地，许多街道也向那些选择在此修建房屋的人开放了。当初被沙皇以各种条件吸引到这里的机械师和工匠们，充分利用这一机会为自己修建了家园。很多建筑都是用最容易拿到的材料仓促搭建的小屋或木棚子。这些简陋的房子足以用来避雨，也足以满足户主获取土地的条件。这样的建筑非常之多，据说他们在一年内修建了三万所这样的房子。像圣彼得堡这样快速建成的城市，历史上绝无仅有。

当彼得忙于为这座新城奠基时，瑞典国王正忙于和波兰的战争，因为波兰当时和俄国结盟了。得知彼得忙于纳尔瓦沿岸的建设工程时，瑞典国王说："好极了。只要他自己喜欢，就让他在那里建造城市好了；将来我闲下来，就去夺走这座城市。喜欢的话，我就留着；不喜欢，就一把火烧了它。"

但彼得决定，绝不会让这座城市落入瑞典国王手中，他甚至不想让国王干扰城市的建设进程，因此他采取了所有可能的防御措施。夏天时，他下令修建了很多炮台和多面堡垒。这些防御工事坐落于河流出口附近，与海岸相毗邻。

河流出口处有座小岛，其位置刚好可用来保卫城市入口。这座岛距离圣彼得市几英里，居于通向海湾的海峡中部，两边都是水，只有一侧的水深允许船舰通过。现在，彼得决定在这座岛上修建一座坚固的大型堡垒，以便通过枪炮控制通向海湾的海峡。他在秋末时做了规划，冬天时准备开工建设，选在冬天开工也是他的计划之一，因为他认为冬天施工修地基，冰可以助其一臂之力；因为在这里，堡垒不是居于坚实的泥土之上，而是建在航道一边延伸出的沙地上。堡垒所在位置离岛约有一个射程的距离，四周被浅水包围，无论从陆上还是水上，都难以接近。

彼得修建堡垒的地基时，在冰上放置巨大的木箱，里

彼得大帝

查理十二世率军进攻圣彼得堡

面装满石头。当春天来临,冰雪融化,这些箱子就会沉入沙中,形成稳固的地基,上面可承载任何建筑。这就是著名的克琅施塔得城堡的来历,它在日后大显身手,将欧洲列强的舰队阻止在此,使他们远离圣彼得堡。

除了这座大型堡垒外,彼得还在岛上不同地点建造了几个炮台,以防止敌舰接近小岛。

最后,关于彼得在此所作所为的消息使瑞典国王查理十二世开始警觉,他决定进攻圣彼得堡,并打算在彼得采取下一步行动前摧毁它的在建工事。他下令让海军指挥官集结军舰,驶向芬兰湾,从那里发起进攻,摧毁彼得的驻地。

海军指挥官立刻发起进攻,可他很快就发现,此时进攻已为时太晚。彼得的防御工事进度飞快,此时已非常坚固。1704年7月4日,海湾沿岸的侦查员发现瑞典军队来了。

第十一章 营建圣彼得堡

这是一个由22艘军舰和其他船只组成的舰队。俄军除了堡垒和炮台外，还有停泊在海上的军舰。随着敌方军舰的驶近，双方开始激烈交火，瑞典军舰对俄国军舰和炮组。当瑞典军舰在水深允许的情况下尽可能靠近小岛时，他们从甲板上放下大批专门带来的平底船，里面满载全副武装的士兵。他们计划让这些战士登上小岛，用刺刀拿下俄军的炮台。

但他们没能成功。瑞典士兵受到俄军的猛烈攻击以至于一场酣战后，被迫撤离。他们试图回到船上，但受到俄军追击；现在，瑞典军队的背部完全暴露给了敌方，无法抵御，很多人丧生。那些没死的也无法逃走，做了俘虏；当然，他们的船也被收缴了。有5艘这种平底船落入俄军手里。其他则全速划回舰队，然后舰队就撤退了。瑞典国王的企图彻底失败了。海军指挥官将出师不利的消息报告给国王，不久，瑞典军队又发起一次类似的进攻，但同样失败了。

这座新城非常坚固稳定，从此，它开始了迅猛的发展，财富和人口数量飞快增长。彼得积极鼓励外国技工和工匠入驻这座城市，他给他们赠予土地、房屋以及丰厚的薪酬。贵族们在他们的专用土地上建造精美的花园洋房，华丽的公共建筑也被规划好并开始建设。造船业也被大规模引进。形势对此非常有利，因为河岸上很多位置优良的地段被指定用来修建船坞，建设所需的大量木料也可以沿着拉多加湖湖岸运到。

这座城市刚建完地基，彼得就开始着手设立艺术和科学机构。这些机构后来变得蜚声国际，直到今天还对这座城市贡献颇多，使之成为欧洲最繁华、最著名的都市之一。

第十二章

马泽帕的叛乱

精彩看点

战争的进程——彼得的舰队——瑞典国王的胜利——彼得希望停战——回复——计划改变——马泽帕和哥萨克人——改造哥萨克人的提议——马泽帕反对沙皇的提议——争吵——马泽帕的谋反计划——阴谋被击破——沙皇的预防措施——马泽帕的计划——步步为营——他把侄子送到沙皇那里——特使被逮捕——哥萨克人的暴动——阴谋失败——对马泽帕的审刑——雕像——对雕像施刑——推选新酋长

第十二章 马泽帕的叛乱

与此同时,俄国和瑞典之间的战争还在继续。接下来几年的较量中,他们发动了很多次战争。瑞典国王多次攻打圣彼得堡这座新城,但均以失败告终。相反,这座城市发展得越来越快,越来越繁荣;防御工事充分保障了河口以及与其毗邻的船舶停泊处的安全,这使沙皇能够继续快速地建造新船,不断壮大他的舰队。很快,他在附近海域的实力就大大超过了瑞典国王,他不仅能有效阻止敌军的进攻,甚至还对瑞典附近海岸成功地实施了几次侵袭。

然而,当沙皇快速壮大他的海上力量时,瑞典国王证明自己是陆上的最强者。他迅速攻入波兰并占领了相邻的几个省。1708年夏天,他计划穿过第聂伯河,直逼莫斯科。因此,他一路向前推进直到第聂伯河边。他来到河边的一个据点,做出渡河的假象。彼得召集所有军队驻守在河对岸进行抵御。然而国王做出要从这里渡河的样子其实只是个幌子。他在那里留了足够多的人演戏,其实主力部队已经乘着夜色在三英里之外的上游成功渡河,而彼得的军队还未察觉他的真实意图。俄军在平地作战中不足以抗衡敌方军队,因此不得不立即撤退,将身后大片的土地留给了瑞典国王。

彼得非常惊慌。他派一名军官带着休战旗去见瑞典国王,询问瑞典国王停战的条件。但查理还沉浸在成功渡河的欣喜中,自认为所向披靡,横扫任何阻挡,直逼莫斯科的城门,到时他才会谈条件。因此他拒绝任何谈判,只是用傲慢的口吻说道:"我要和我的兄弟彼得在莫斯科谈判。"

然而,深思熟虑后,瑞典国王决定,先不立刻向莫斯科进军,所以他暂时掉头朝南,向克里米亚和黑海进发了。

瑞典国王朝南边行军是受到一个秘密原因的诱惑,对此彼得尚不知情。哥萨克人的领地就在那个方向,他们的首领是著名的马泽帕。关于他,这本书中已有记述,有一次,他和沙皇发生了争吵,随后他就和瑞典国王进行了一次秘密的谈判,并同意如果国王来到他的领地,他就离开沙皇,带领他麾下所有的哥萨克人投奔他。

马泽帕和沙皇争吵的原因是这样的:一天他前去拜访沙皇陛下。落座后,沙皇开始抱怨哥萨克军人目无法纪、不服从管理,提议马泽帕对这些人在组织纪律方面进行改革,以便能够更有效地控制他们。可能他建议的改革有些类似于对自己直接管辖下的军队实施的改革。

马泽帕反对这项提议。他说对哥萨克人采用这种手段

第十二章 马泽帕的叛乱

根本不会起作用。这些人天性粗犷野蛮,他们和他们的父辈们已经形成这种粗鲁、不受约束的习惯,所以他们永远都不会服从常规军队纪律的约束和限制。

由于彼得一向不能忍受任何人反对或否定他的意见或计划,所以他对马泽帕反驳他的建议非常生气,因此,就像经常发生的那样,他突然对马泽帕吼出最粗鲁最难听的话来。他称马泽帕为敌人和叛徒,并威胁要把他活活刺死。事实上他并不会那么做,他所说的话不过是空洞的威胁,仅仅出于愤怒而已。然而,马泽帕对此很生气。他抱怨着从沙皇的住所离开,暗下定决心实施报复。

如前所述,马泽帕和瑞典国王谈判后不久,就签署了协议,规定国王要向俄国南部进军,当然,哥萨克人会在这里和他会合,然后马泽帕离开沙皇,带领他的所有人马归顺瑞典国王。他们认为,通过这种方式,沙皇的军队必败无疑;如此一来,瑞典国王可以得到俄国的土地,而哥萨克人可以退到他们自己的堡垒里,从此作为一个独立的部落而存在。

这个阴谋似乎设计得非常完美;然而,不幸的是,对他的筹划者来说,阴谋注定都不会成功。首先,马泽帕带着哥萨克人投敌背叛的阴谋很快被沙皇发现了,并在付诸实施之前就被彻底击破。彼得的秘密情报员遍布全国,正是通过他们,彼得得到关于马泽帕行动的消息,这使他开始怀疑马泽帕的意图。但他什么都没说,只是调遣了一支他信赖的部队到哥萨克人附近，一直驻扎在马泽帕的军队和瑞典军队之间。他命令这支部队的军官们密切关注马泽帕的动向，并做好准备，一旦需要，立刻向他开战。马泽帕在这种情况下对他的计划有点儿不安；但他也不能表示反对，因为驻扎在这里的军队表面看上去是为了和他共同对抗敌军。

同时，他意识到是时候把他的计划公布给哥萨克人了，于是他马上小心翼翼地告诉哥萨克人的头领们他的计划。他向他们指出，恢复他们原来作为一个独立部落的自由，不再受沙皇这样的压制有多好。他还列举了在沙皇统治下他们遭受的种种不公正待遇，极力激起大家对沙皇的最大憎恨。

他发现主要的哥萨克军官都听信了他的话，同意他的观点。有些人的确如此，但有些人假装同意了，因为担心会惹他不高兴。最后，他认为是时候采取措施告诉人们大概要发生什么事，因此他决定派一名信使代表哥萨克人前去向沙皇申诉他们的不满。他以为，人们知道了信使，明白了马泽帕派遣信使的原因，就会处于这样一种状态，一旦从沙皇那里得到不利的回复，对此他很确定，那么哥萨克人将更容易被引入他所提议的背叛计划中。

于是马泽帕做了一份申诉说明，指派他的侄子作为特使前去总部，将它呈给沙皇。他侄子的名叫沃纳洛夫斯基。他到达军营后，沙皇并不急着见他，听他的申诉，而是立

第十二章 马泽帕的叛乱

刻下令把他抓起来投进监狱，仿佛国家正在遭受外敌入侵时，向君主提出申诉和抱怨就是犯了叛国罪似的。

马泽帕一听到他的侄子被抓起来，他马上确信他的阴谋已暴露，他必须马上实施计划，否则会全盘皆输。于是他立刻带着人马朝瑞典军队驻扎的地方行军，表面上装作要攻打他们。他渡过了横在他和瑞典军队之间的河流，当安全过河后，他向他的部下说明了他的意图。

人们对他的提议很愤怒，因为他们完全没料到会是这样。他们拒绝加入反叛计划。接下来场面变得极为混乱。一部分哥萨克人之前和马泽帕已经达成共识，他们倾向于追随马泽帕，但其他人非常恼怒。他们宣称要抓住马泽帕，绑上他的手脚，把他送到沙皇那里。事实上，两派人为了马泽帕极有可能展开一场血腥的厮杀，这种情况下，如果赞同背叛计划的人不赶紧逃走的话，那么持反对意见的人就会将马泽帕撕成碎片。马泽帕和那些追随他的人——约有两千多人——一起逃亡到瑞典兵营。剩下的人在忠于沙皇的军官的领导下，立刻朝着最近的俄国军队靠近，并投入俄军指挥官的麾下。

俄国军营召集了审判马泽帕的军事会议。当然，他因罪被判死刑——伴随死刑的还有对他的各种侮辱。但是马泽帕并不会真的被执行死刑，因为他们抓不到他，此时他正安全地待在瑞典军营里。因此他们仿照他的样子做了一个木头人或雕塑来代表他，用这个替代品代他受刑。

首先，他们给这个雕塑穿上马泽帕的衣服，戴上代表他身份的勋章、绶带和一些他经常佩戴的饰品。然后这个木头人被当着将军和所有军官的面带到军营前，士兵们也被召集到现场。一名传令官出现了，他宣读了有罪判决，然后开始行刑。他先把马泽帕的爵位勋章撕成碎片，扔向空中。接下来他从雕塑上扯下奖章和饰品，丢在地上，用脚践踏。最后他一拳打翻了雕塑，使他趴到土里。

这时，执行绞刑的刽子手出现了，他们给雕塑的脖子套上绞索，把他拖到绞刑架前吊了起来。

这项仪式之后，哥萨克人按照他们的惯例，要着手选出一位新酋长接替马泽帕的位置。被选出的酋长要向沙皇宣誓效忠，并向他表达敬意。

第十三章

波尔塔瓦战役

精彩看点

瑞典人的入侵——在俄国的扩张——临时铺就的道路——波尔塔瓦——著名的战役——波尔塔瓦的地理位置——波尔塔瓦被围——缅希科夫——军事策略——缅因科夫大获全胜——查理国王受伤——沙皇前往波尔塔瓦——瑞典国王决定进攻俄军营地——战争在即——沙皇的军衔——他向军队致辞——担架——战争——国王的勇气和坚持——瑞典军队被击败——侥幸逃命的沙皇——他发现残破的担架——查理国王逃脱——可怕的失败——国王冒险逃跑——他现在提出和解——国王的追随者——彼得的回复——国王的马车——逃到土耳其边境——军队撤退时遭受的痛苦——派去土耳其边境的代表——对信使的接待——收集船舶——渡河——饮酒作乐——瑞典军队的命运——俘虏——沙皇的轶事趣闻——沙皇的习惯——对俘虏的处置——瑞典国王的冒险经历——沙皇晋升军衔

第十三章 波尔塔瓦战役

当俄国人正忙于平叛的时候,瑞典国王已经朝着俄国西面和南面的中心地带进发了。沙皇的军力尚不足以发起战争,因此只能节节败退;但撤退时他们破坏和摧毁了沿途的一切,不给瑞典军队留下任何物资。他们破坏所有桥梁,不惜用一切手段堵塞道路,以此阻止瑞典军队的推进。

然而,瑞典人还是慢慢逼近了。他们去很远的地方给士兵和马筹备粮草。遇到断桥,他们会绕道从水浅处涉水过河。遇到道路堵塞,如果可以清除,他们就清除障碍;如果无法清除,他们就重新找路。在这种情况下,他们有时不得不经过无法立足的沼泽地,于是他们砍伐附近的灌木和树枝,然后扎成一束束柴捆。再把柴捆密集地摆在沼泽上,上面再铺上松散的树枝使之变得平坦,这样一条可供军队通过的坚实大道就被铺好了。

事态就这样发展着,直到查理国王的进一步行军被一场发生在波尔塔瓦的战役阻止,这场战争使局势变得完全不利于查理国王。这场在当时引起广泛关注的战争使双方在旷日持久的博弈之后，突然中止了争斗，因为查理和彼得都是那个年代最伟大的君主和战士，他们之间权力博弈的每个阶段都受到整个世界的关注。总之，波尔塔瓦战役是历史上最伟大的大决战之一，它决定了一个帝国的命运。当然，它引起了人们的极大关注，并是人类历史上最有名的战役之一。

波尔塔瓦是一座位于俄国领土中心地带的城市，在黑海以北三四百英里处。它坐落在一条小河上，这条小河从

战略要地波尔塔瓦

西南边汇入第聂伯河。是当时非常重要的军事枢纽，因为它有大型军械库，为彼得的军队储备了大批粮草和弹药。

第十三章 波尔塔瓦战役

瑞典国王决定拿下这座城市。他夺取这座城市的主要目的是打算用储备在那里的物资补给自己的军队。这里的防御工事非常坚固,有一支部队守卫在这里;但国王认为他能攻下这座城,于是他近距离地查看了这座城的外墙,然后就将这座城包围了起来。

附近俄军主力的总指挥是缅希科夫将军,瑞典国王一开始围攻这座城市,缅希科夫立刻就前来支援它。接下来两军之间展开了一系列的机动战和局部战,瑞典军队一边忙着攻城,一边忙着抵御缅希科夫的进攻;而缅希科夫一面全力以赴地扰乱瑞典军队的攻城行动,一边向城内派入救援部队。

总体看来,这场角逐中,缅希科夫是最大的赢家。有天晚上,他设法让一支小分队进入波尔塔瓦来加强守卫。这使瑞典国王大为光火,于是他更加坚定更加猛烈地围攻波尔塔瓦。有天他万分急躁地来到了城墙下面,争夺一块有利地形,以至于使他自己暴露在射程之内,他的脚后跟被射中了。

这差点使他残废。因此他不得不待在帐篷里,只能从卧榻上或担架上发出命令,他无助而痛苦地躺着,内心充满了焦虑。

侦查员给他带来的情报使他的焦虑在数日内大大加剧,情报说彼得亲自带领着大队人马前来解围。事实上,消息称这支大军已经近在咫尺。国王发现他现在处在即将被包围的危险之中。就算撤退，他也别想摆脱危险，因为为了攻打波尔塔瓦，他跨越了第聂伯河，而现在那条又宽又深的河流就在他身后，阻挡了他的退路，如果他打算在俄军的追击下渡过那条河，他的军队很可能会全军覆没，这点他非常清楚。

他焦虑不安地躺在帐篷内的担架上，脚部的剧烈疼痛和战争局势的紧张给他带来精神上的巨大压力，以至于他全部心思都放在这个上面。他在痛苦和混乱中度过了一夜。最后，黎明到来时，在敌众我寡的情况下，他孤注一掷地决定攻打俄军大营。

于是他派信使去见大元帅，并传唤他前来他的帐篷。天还没亮，元帅就被从睡梦中叫醒前往国王帐中。国王静静地躺着，他以平静沉着的语气命令元帅击鼓备战，在天亮前向战壕里的沙皇发起进攻。

元帅对这个命令很震惊，因为他知道俄军数量远远超过了瑞典军队，他原以为国王的唯一希望就是留在营地里自我保护，或者撤退。但他清楚他除了服从命令别无选择。因此他接受了国王的指示，然后就退下了。国王终于在不安中睡着了，直到破晓时分。

此时，整个军营都开始行动了。战壕里的俄军也接到警报，已经醒来开始准备战斗。沙皇并不是指挥官。读者们还能想起来，他引以为傲的是以最低的军阶进入军队，然后经过正常的逐级晋升，就像其他军官那样。他现在的

第十三章 波尔塔瓦战役

军衔是少将;虽然,作为沙皇,他一般通过大臣向军队的总指挥官做出大概的指示,但就个人而言,在军营和战场上,他听从上级军官的命令;并按照军队纪律服从上级军官,这使他感到骄傲和快乐。

彼得大帝参加波尔塔瓦之战,米哈伊尔·瓦西里耶维奇·罗蒙诺索夫绘

然而,他在军营中好像并没有完全放下自己作为帝王的架子,例如,开战前士兵们列队时,他骑着马在行列间来回走动,以君主的身份鼓舞他们,并向他们承诺,他将根据他们在战斗中表现的勇猛程度分别授予奖励。

瑞典国王也被从卧榻上抬起,放在一个担架上,在战斗开始前,他和他的军队一起出发。他告诉士兵们要攻打一个人数远远超过自己的敌人,然而他们必须牢记,在纳尔瓦之战中,八千名瑞典士兵在战场上击败了十万俄罗斯大军,他说,那次他们能做到,这次他们也能。

战斗凌晨时分就打响了。最初是复杂的行军、军队调整和调遣,俄国和瑞典军队以及波尔塔瓦的守军全都加入了战斗。双方的较量随时随地变化,一会儿你占上风,一会儿我占上风。查理也被担架抬着进入战争的核心区,到

鏖战波尔塔瓦,丹尼斯·马顿斯绘

那以后,激烈的战斗重新燃起他的斗志,他坚持要上马。于是侍从们牵来一匹马,将他小心翼翼地扶上马背,但伤口的剧痛使他非常虚弱,因此被迫又回到担架上。不久,一颗炮弹击中了担架,将它炸成碎片。查理国王也被掀翻

第十三章 波尔塔瓦战役

在地。目睹此景的士兵们以为他被炸死了,陷入一片恐慌。此前他们几乎已被敌军打败,现在完全丧失了斗志,士兵开始撤退并四散逃跑。

但国王并没有被炮弹击中。他立刻被附近的官兵扶起来,并被带离了危险区。他强烈抗议被带走,坚持要把他的人再次集合起来;可是军官们劝他说眼下什么都没了,对他来说唯一的希望就是逃走,尽快渡河,之后逃往土耳

彼得大帝指挥俄军在波尔塔瓦取得决定性胜利

其,到那里以后他就安全了,不会再受到追击,到时他再考虑最佳对策。

国王最终听从了这些劝告,被带走了。

此时,和瑞典国王一样,彼得也在战场上暴露于危险中,差点儿丢了性命。一颗子弹射穿了他的帽子,如果再

低半英寸，这颗子弹射穿的就会是彼得的脑袋。缅因科夫的三匹马都被射中了。然而，尽管如此，彼得仍然驰骋在战斗区域，瑞典军队被完全击败从战场逃离的那一刻，他正在最前方带领士兵冲锋陷阵；当他来到瑞典国王被炸成碎片的担架边时，他对他的对手表现出极大的关心，好像非常担心查理被炸死，就像查理是他的朋友似的。他一直都非常钦佩瑞典国王在战争中表现出的勇猛和出色的军事才能。他猜想查理肯定阵亡了，于是下令让士兵搜查所有地方，务必找到他的遗体，找到以后一定要保护好，不能受到任何侵犯和伤害，随后将为他举行隆重的葬礼。

尸首当然不会被找到，因为国王还活着呢，除了脚后跟的伤，他毫发无损。担架被炸碎后，他被几个忠诚的追随者救出战场。国王极不情愿离开，他想要重新集合起部队，如果可能的话，要将他的部队从溃败中拯救出来。但他发现，这种尝试是徒劳的。整个瑞典军队已陷入混乱；士兵阵脚大乱，四处逃散，杀红眼的俄军紧追其后，大肆屠戮，而其余士兵则在极度恐慌和绝望中完全失控。

有些士兵逃脱了，绝大多数都被俘虏了。许多军官和他们的士兵走散，在不知道任何会合地点的情况下四处游荡，寻找国王。他们在藏身地潜伏很久，受尽磨难，但很多人最后还是被捉住，变成俘虏。

与此同时，那些照顾国王的人力劝国王允许他们带着他以最快的速度离开俄国。离开此地最近的路就是向西逃

第十三章 波尔塔瓦战役

往土耳其边境。正如之前所述,这条路并不远,但要渡过三条河——第聂伯河、布格河和德涅斯特河。国王很不愿意听从这个建议。自从他攻入沙俄的领土以来,彼得送来过好几次休战旗,表达了他想要和解的意愿,并提出了较优的和解条件供查理采纳。对所有沙皇提出的这些建议,他都给予跟第一次一样的回复,那就是,在他抵达莫斯科之前,他不想和沙皇谈任何条件。现在查理说,在放弃之前,他要派人前去告诉沙皇,如果他还遵守约定的话,他现在愿意和彼得谈谈之前提出的和解条件。

查理以为这一提议可能会成功,因为他有一部分军队并未加入波尔塔瓦战役,所以实力保存完好;而且他身边还有相当数目从波尔塔瓦逃出前来和他会合的官兵。事实上,国王身边现有的人不在少数,因为所有从战场逃脱的人都想尽办法找到了他并和他会合,这么多失散的人重新聚到一起,因此,目前国王手下至少一两千人。当然,这只是一小撮残部。尽管如此,他觉得,万一彼得拒绝和解,他并没有完全丧失战斗的手段和资源。

因此他派遣一名使者去彼得的军营转达这个信息;但彼得的回复是,陛下对和解条件的认同太迟了。他说,现在局势完全变了;既然查理已经毫无顾忌地贸然闯入俄国领土,那么他有必要好好考虑一下他怎样才能从这里脱身。说到这里时,他又加了一句,他已胜券在握,接下来他会不遗余力地巩固他的胜利。

瑞典国王身边的军官们经过磋商后决定，目前任何反抗都无济于事，国王虽然很不情愿，最终还是同意去土耳其边境。因为受伤他无法骑马，而用担架抬的话，路途又太遥远。因此随从为他准备了一辆马车。这辆车原本属于一位将军，在部队逃亡的过程中不知道以什么方式被保存下来了。他们制定的逃亡路线要穿过一片几乎没有任何道路的荒野，由12匹佩戴笼头的马拉着国王的马车。

他们没有迷路。从战场逃出的军官和士兵，在成功和国王会合后，自动编成了一个军队，行军开始了，或者确切地说，逃亡开始了。国王的马车走在队伍的前方，由一支拼凑起来的护卫队护送，后面紧跟着剩余的残部。有些人骑着马，有些步行，还有其他受伤的，或生病的，坐着乡下的小马车，非常困难地被拖着向前走。

这支队伍以缓慢的速度穿过边境，当然，为了逃避追击，他们走的是最偏僻最荒凉的道路，一路提心吊胆，因为敌军随时可能赶上他们。所有人都忍受着食物极度匮乏和环境极度恶劣带给他们的痛苦和磨难。许多人筋疲力尽，无法继续前行，不得不被丢弃在路边，最后要么落入敌军手里，要么筋疲力尽而死；而那些还有力气拼命向前赶路的人，他们的处境也不比那些留在路边的人好多少。

当这些人最终接近土耳其边界时，土耳其苏丹向管理边境的官员派去信使，下令对瑞典国王和他的人马准予通行，让他们穿过土耳其国境进入他自己的国家。他有充分

第十三章 波尔塔瓦战役

的理由相信边境官员会答应他的请求,因为土耳其和俄国长期以来一直处于敌对状态,他很清楚,这次战争,土耳其是完全站在他这边的。

果然不出他所料,边境官员非常友好地接待了信使,给他提供食物和必需品。此外,他还说,他不仅会让国王通过土耳其,还会助他渡过界河。这确实是非常必要的,因为一支庞大的俄国军队正在其后追赶,如果他们不能及时渡河,将面临全军覆没或沦为俘虏的危险。彼得派出追兵的主要考虑是为了抓住瑞典国王。他开玩笑地向那些已成为他的俘虏的瑞典军官们讲他的计划,战后他对每个人都和颜悦色,"我很想见见我的国王兄弟,并分享跟他的友谊;所以我已经派人去把他带来。几天之后,你们将会在这里见到他。"

追捕查理的俄军离逃亡者们越来越近,现在几乎近在咫尺了,边境官员得知这一消息后,意识到时间已经非常紧迫。于是他立刻下令从河流的上下游征调船只,让他们立刻前往瑞典国王渡河的地点。许多船只被调集到这里,渡河行动马上开始了。国王和他的护卫队安全渡过了河,接着一大批军官和士兵也得以渡河。可是船毕竟还是太少,渡河行动缓慢,俄国军队还是赶在所有士兵渡河前抵达了,约有五百多人落入他们手中,全部沦为俘虏。国王在河对岸屈辱地目睹了这一场景,而他此刻已经安全了。

国王随即被送往本德尔,一个离边境不远的规模相当大的城市，在那里，他暂时安全了，并静养了几个礼拜，以便治好他的脚伤。彼得本来很期待他国王兄弟的友谊带给他乐趣，现在，他的愿望暂时得不到满足了。

滞留在俄国境内的瑞典军队很快就被俄军包围，总指挥官也被迫投降，所有士兵沦为战俘。于是最后一批俘虏，包括军官和士兵，也悉数落入彼得手中。他们被送到不同的行业，分散在民众之中，以便他们在俄国永久定居下去，用他们在本国习得的手艺为各行各业做出贡献。军官受到很好的待遇。彼得经常宴请他们，和他们随意友好地谈论在瑞典盛行的风俗惯例，特别是有关于军事艺术的。即便如此，他们仍被解除武器并严加看守。

一天，这些军官们在彼得的帐篷里和他一起用餐，一边谈论瑞典军队的组织和纪律，彼得对他们在战斗中表现出的军事才能和技艺表示由衷的赞赏，随后，他倒了一杯酒，为"他的战术老师们"的健康干杯。其中一位在场的军官问他，他们中谁是沙皇陛下乐意授予如此伟大头衔的人，"就是你们，先生们，"沙皇说，"瑞典的将军们。你们就是我最好的战术老师。"

"那么，"这位军官回复道，"陛下您如此严苛地对待您的老师，难道一点都不对他们感恩戴德吗？"

此人敏捷诙谐的回答使彼得非常满意，他下令将军官们的佩剑还给他们，据说，他甚至解下自己的随身佩剑，将它赠予其中一位将军。

第十三章 波尔塔瓦战役

然而，也许应该补充一点，彼得从小就养成了过量饮酒的习惯，并已成积习，所以他经常在欢宴上喝醉，要说他此时的慷慨大方很大程度上归功于他饮下的白兰地，也并无不可。

尽管军官们佩剑被归还了，但他们的身份仍然是俘虏，直到被安排交换俘虏。不过，为了让他们得到妥善安置，彼得将他们分配到他的将军身边，每位俄国军官负责一个同等军阶的瑞典军官，当然，每位俄国军官都会得到一份补贴用来维持他所负责的军官的生活。俄国军官必须对他们的俘虏严格负责；但他们的监管并不是特别严格，因为俘虏们会习惯性地发誓说他们不会逃跑，于是他们就能在合理的范围内获准享受充分的自由，因此他们更像是监管人的客人和伙伴，而不像是俘虏。

瑞典国王经历千辛万苦，终于回到自己的国家，但是在此讲述他的故事与这段历史的主题并无关联。至于马泽帕，他跟着瑞典国王穿过了边境，成功逃脱了。沙皇悬赏重金将他捉拿回国，不论生死；但他从未被抓住。他最后以高寿卒于君士坦丁堡。

波尔塔瓦战役之后，关于彼得最特别的一件事就是他的军衔被予以晋升。俄国当局经慎重考虑，做出一个庄重的决定，由于彼得在此次战役中表现出非凡的魄力和勇气，还遭遇了被子弹打穿帽子的危险经历，因此，他应当被予以升职。于是，他的军衔升为中将。

瑞典对俄国的大举入侵就此结束了，这是一件重大的历史事件，事实上，这几乎是沙皇任期内唯一一次威胁到俄国疆土的外敌入侵。

第十四章

叶卡捷琳娜皇后

精彩看点

与瑞典交战期间——叶卡捷琳娜——她的出身——贫困——她仁慈的老师——格鲁克先生——她去马林堡——她的性格——在马林堡的生活方式——她的爱人——叶卡捷琳娜结婚——城市被包围——叶卡捷琳娜成了俘虏——她的忧虑和悲伤——俄国将军——叶卡捷琳娜获救——她服侍将军——缅希科夫见到她——被转给缅希科夫——被转给沙皇——秘密结婚——沙皇陷入险境——叶卡捷琳娜在军营——行贿——叶卡捷琳娜救出丈夫——首相的借口——决定公开举行婚礼——婚礼安排——小女傧相——婚礼——仪式和庆典——叶卡捷琳娜的儿子出生——这件事的重要意义——受洗——馅饼里的侏儒——叶卡捷琳娜对丈夫的影响——她的权力产生的影响——彼得的嫉妒——可怕的惩罚——叶卡捷琳娜对彼得的好处——她不完善的教育——她最终登上皇位

第十四章 叶卡捷琳娜皇后

彼得大约于 1690 年登基,一直到 1725 年他去世,算来彼得在位时间近 35 年,这部书的续集将会有更详尽的叙述。沙俄和瑞典之间的战争发生在彼得执政的早期阶段。俄军击退瑞典入侵者的波尔塔瓦战役发生在 1709 年,此时彼得已经登上皇位 20 年了。

正当彼得和瑞典国王进行殊死较量时,历史舞台上出现了一位与他关系密切的女士,这位女士后来成为历史名人之一。她就是叶卡捷琳娜皇后。这位女士的性格,她传奇浪漫的一生及其名垂青史的功绩,使她成为历史上最有名的人物之一。然而,我们只能将她一生中与彼得相关的历史做·简单的陈述。

叶卡捷琳娜出生于利沃尼亚的马林堡附近的一个小村庄。她的双亲出身卑微,并且在她很小的时候就去世了,这使她陷入贫困无助的境地。教区牧师,可能也是她就读学校的教师——因为她当时只有四五岁——很同情她,就把她带回自己家。可能他也乐意这样做，因为叶卡捷琳娜是个开朗活泼的孩子，同时性格温顺友善，所以很好管理。

叶卡捷琳娜在牧师家生活了一段时间后，马林堡的一位官员——格鲁克先生来拜访牧师时碰巧看到了她，并听说了她的遭遇。这位官员很喜欢她，于是提出让牧师把孩子交给他抚养的建议。牧师很愿意这样做，因为他收入微薄，即便一个小孩子的加入也会增加他的花费。此外，这对叶卡捷琳娜更好，因为就当时的情况而言，去官员家生活对她将来的人生很有益，这样她就可以生活在马林堡的官员家，而不是在这个贫困的乡村家庭。

到官员家不久，她就赢得了众人的喜爱。她聪明活泼，乐于学习官员夫人教给她的一切。她做每件事时都兴致勃勃，在任何方面都表现出色。在处理家务和其他职责方面，她展现出同龄女性鲜有的才能。她学习编制、纺线和女红，帮官员夫人做此类的活儿。之前在牧师的学校，她已经学会用母语阅读，现在她又想学习德语。她学习得很用功也富有成效，一旦达到能阅读的水平，她就把全部闲暇时间用来阅读官员图书馆里的德文书。

几年过去，叶卡捷琳娜已出落成一个年轻姑娘。此时，有个年轻的瑞典陆军中尉（利沃尼亚已被瑞典占领）爱上了她。故事说，一天叶卡捷琳娜不知怎么就落到了两个瑞典士兵手里，她极有可能遭受他们的凌辱；就在那时，这位军官刚好赶到并救了她，还把她安全地送回格鲁克先生家。这个军官在某次战争中失去了一条胳膊,身上还有很多伤疤;但他宽厚勇敢,受到所有认识他的人的敬重。当他和叶卡捷琳娜表白时,出于感激,她接受了,但她说她必须征求官员的意见,因为他就如同她的父亲,她还说,如果官员不同意,她就不会做出任何决定。

官员在考察了这位军官的品行和前途后,很快就同意了他的请求,决定把叶卡捷琳娜嫁给他。

这些事碰巧都发生在俄国和瑞典开战后不久,几乎就在叶卡捷琳娜刚结完婚——有些作家说是婚礼当天,有些则说是婚礼次日——有支俄国军队突然来到马林堡,占领了这座城市,许多居民都沦为俘虏。叶卡捷琳娜就在俘虏之中。故事说,在混乱和恐慌中,她将自己藏身于烤箱,但还是被俄士兵发现,并被当作珍贵的战利品带走了。

至于新郎的去向,没人知道确切的消息。毫无疑问,一接到敌军来袭的警报,他就被召回自己的岗位了,关于他后来的故事,有多种不同说法。但有一件事是确定的,那就是,年轻的新娘再也没见过他。

叶卡捷琳娜和丈夫分离后,无依无靠,和其他悲惨绝望的俘虏关在一起,突然降临在她头上的厄运使她无比悲痛。她不仅要哀悼已失去的幸福,还要面对横亘在她面前的悲惨未来,因为俄军会把占领区俘虏来的年轻貌美的女子送到土耳其,卖给土耳其人做奴隶。

然而,叶卡捷琳娜注定会逃过此劫。一位俄国将军视察俘虏时，被她的容貌和悲伤绝望的神情所打动，他唤她上前来，询问了一些问题；她回答问题时的聪慧比她美丽的容貌更令他印象深刻。将军立刻命令一些可靠的士兵将她带到自己的帐篷，那里的女士会给予她照顾和保护。

这些女士都是服侍将军的女仆。叶卡捷琳娜很快就对这些家务活儿产生了兴趣，并开始尽力帮助她们做事。最后，正如某位作家在他的陈述中所说，"将军发现叶卡捷琳娜很适合掌管家务，因此给予她监管这些女仆和其他家仆的权力，很快，她指导她们做家务时的工作方式就赢得了她们的爱戴。将军自己也说，在叶卡捷琳娜来之前，他还从没有被服侍得如此舒适过。"

"一天，这位将军的上司兼恩人——缅希科夫王爷，碰巧看到叶卡捷琳娜并观察到她非凡的气质和举止，就问将军她的身份和来历。将军讲述了叶卡捷琳娜的遭遇，同时也客观谨慎地说了她的优点。王爷于是说他被服侍得非常糟糕，正需要这样一个人。将军回答说，他有义务满足亲王阁下提出的任何要求。他马上叫来叶卡捷琳娜，告诉她这是缅希科夫王爷，他正需要一个像她这样的人服侍，王爷会成为她更好的朋友，而且他无法拒绝王爷的这份好意，因为这对他来说是一种荣耀和幸运。"

"叶卡捷琳娜只是深深地行了一个礼作为回答，这表明，就算她不同意，她也明白自己没有能力拒绝。总之，缅希科夫王爷带走了她。"

第十四章 叶卡捷琳娜皇后

叶卡捷琳娜在王爷家待了一两年，几乎以同样的方式，又从王爷家去了沙皇那里。有一天，沙皇看见了她，他一下就为她的容貌以及王爷所讲的她的遭遇和性格所倾倒，于是他想将她据为己有；尽管王爷很不愿意失去她，可他清楚除了同意别无选择。这样，叶卡捷琳娜来到了沙皇的住所。

她很快就得到了沙皇的青睐，并和他秘密结婚了。这场秘密的婚礼于 1707 年举行。之后几年都不为公众知晓；但叶卡捷琳娜的身份大家都很清楚，她在宫中的权力和对丈夫的影响也与日俱增。

有时叶卡捷琳娜随沙皇出征，甚至有一次从险境中救了沙皇。那是 1711 年。当时沙皇正在和土耳其打仗，他带领了一支非常精干，组织严密的军队攻入了土耳其的领地。土耳其派出一支大军迎战，经过各种行军和队伍调遣，最后，沙皇发现自己被一支兵力三倍于自己的土耳其军队包围了。俄军加强军营防御，而土耳其人则开始进攻。后者的进攻持续了两三天，企图撕开俄军防线，但都失败了，最后当指挥土耳其大军的首相发现他无法将俄军逼出战壕时，他决定把他们饿出来；于是他将这个地方紧紧围了起来。沙皇现在只好认输，因为他的粮食储备很少，要从敌军的包围中逃出去几乎不可能。此时，勇于随夫出征的叶卡捷琳娜正在军营中陪着沙皇，尽管形势极其危险，但接下来她还是通过巧妙地向首相行贿，使沙皇从险境中逃脱了。

叶卡捷琳娜皇后油画像,纳迪埃绘

第十四章 叶卡捷琳娜皇后

她是这样做的,她请求沙皇派她去和首相谈和解的条件,借此机会,通过向首相应允一定的条件准许沙皇撤军。叶卡捷琳娜给首相秘密地备了一份厚礼,其中有宝石、珍贵的首饰以及她自己的贵重珍宝,按那时的惯例,她随军远征时要随身携带这些珍宝,当然,还有一大笔钱。她设法将这份厚礼连同沙皇的和约一起交给了首相。首相对这份厚礼相当满意,于是立刻签署了和约,这样,沙皇和他的军队就从危险中顺利地逃脱了。

后来,首相被传唤前去解释敌军从他严密的包围中逃脱的原因;他竭尽所能地为自己辩解说,他促成的和约已经是能得到的最好结果,此外,他还虚伪地补充说,"真主命令我们在敌人发出乞求并俯首称臣时原谅他们。"

多年过去了,沙皇和叶卡捷琳娜幸福地生活在一起,尽管他们之间的关系众所周知,但并没有得到公开的认可。期间,他们生育了几个孩子,此外,加上她在履行妻子和母亲的职责时所表现出的忠诚和才能,使她和沙皇之间的关系变得更加牢固,最终,1712年,彼得决定给她一个公开的婚礼,将他私下早已允诺她的地位公之于众。

然而,庆祝仪式并不假装是沙皇和叶卡捷琳娜的第一次婚礼,而是作为纪念很久之前已举行过的婚礼。因而,请柬上关于召集这次盛会的措辞是"庆祝陛下的旧婚",这已是圣彼得堡建成后数年的事了。

对这个非同寻常的婚礼的安排也是别出心裁。彼得以海军上将的身份，身着制服现身。舰队的军官，而非国务大臣和显赫贵族，作为最重要的宾客被安排在最尊贵的位置。这样安排的目的，一方面是为了向沙皇正在组建的海军致敬，另一方面则是为了强化和海军相关的人员在人们心目中的重要地位。

因为叶卡捷琳娜的双亲已过世，所以有必要指派其他人"把新娘交给新郎"。副海军上将和海军少将获此殊荣，被指派担当这一职务。他们代表新娘的父亲，而彼得的母亲，皇太后，和副海军上将的妻子则代表她的母亲。

叶卡捷琳娜的一对女儿作女傧相。她们的职位不过是一种荣誉，由于她们还太小，一个5岁，另一个才3岁，她们只在婚礼上出现了一会儿就开始觉得索然无味，于是被带走了，她们的职位由宫里的女眷，沙皇的侄女来担任。

婚礼于早晨7点在缅希科夫王爷的私人教堂举行，出席的宾客很少，仅限在婚礼中承担一定职务的人。受邀的宾客们则在白天去沙皇的宫殿参加盛大的婚礼派对。在小教堂举行完婚礼后，沙皇和皇后从教堂来到缅希科夫的府邸，在那里一直待到回皇宫的时间。此时，一支盛大的游行队伍带领这对新婚夫妇穿过街道，回到他们自己的宫殿。由于是冬天，新娘一方乘坐雪橇，而不是马车。一支乐队为游行队伍伴奏，乐队中有小号手、鼓手以及其他军乐手。沙皇的婚庆仪式极为奢华，欢庆活动一直持续到夜间舞会结束。夜晚，整座城市被篝火和灯光映衬得格外璀璨。

第十四章 叶卡捷琳娜皇后

婚礼公开举行完三年后,皇后生了一个男孩。彼得非常高兴。的确,他已有一个儿子,是他的第一任妻子所生,名叫阿列克谢,他的性格和悲惨的遭遇将是下一章的主题。但这是叶卡捷琳娜的第一个儿子,之前她所生的都是女孩。此时,彼得和他的长子之间危机重重,他本打算让他的长子改掉恶习,成为一个合法的皇位继承人,但他最终决定放弃这一希望,就在这个时候,叶卡捷琳娜的儿子降生了。所有这一切,将会在下一章予以说明。叶卡捷琳娜儿子的

彼得大帝的长子阿列克谢

诞生，有着极其重要的政治意义，彼得举行了盛大的公开仪式作为庆祝。庆典持续了八天，在婴儿的受洗仪式上，丹麦和普鲁士的两位国王担任教父，为婴儿施洗。孩子起名为彼得·彼得洛维奇。

　　受洗仪式极为奢华，伴随着罕见的喜宴和欢庆活动。另外一个别出心裁的安排是两个巨大的馅饼，一个供给男士的房间，一个供给女士的房间；根据俄罗斯在这种仪式上的古老习俗，在娱乐活动中，男女根据性别要分席而坐，男士们和女士们待在不同的大厅，而且厅内还摆上桌子。随着女士们的馅饼被切开，里面走出一位年轻而矮小的侏儒，穿着轻便古怪的衣服。他手持从饼中拿出的玻璃酒杯和一瓶酒，绕着桌子边走边祝女士们身体健康，每个被祝酒的人都会发出混合着惊讶和大笑的尖叫。在男士们的房间，情形也是如此，除了出现在众人面前的是个女性侏儒。

　　儿子的诞生让彼得和叶卡捷琳娜之间关系非常牢固了，并且叶卡捷琳娜对彼得影响与日俱增。当有什么事惹得沙皇暴怒不已时，无人敢靠近他，只有叶卡捷琳娜一个人能接近他，并使他平静下来，重新恢复理智。就他所遭受的神经疾病而言——他头部和面部发生的剧烈抽搐——她对他的影响很大。事实上，据说她温柔的护理极大地缓解了他的肌肉痉挛，并神奇地减轻了疾病给这位高贵的病人带来的痛苦，因此，她的安抚和影响力已使沙皇对她极其依恋，这最终使他决定娶她为妻。

第十四章 叶卡捷琳娜皇后

叶卡捷琳娜经常借助从丈夫那里获得的权力行一些善事。因为她的介入，很多激怒沙皇的人都被免除死罪，有时候甚至是解除比死罪更可怕的磨难。她通过很多方式软化彼得粗鲁的性格，减轻他作为帝国君主的沉重负担。每个人都惊讶于她对脾气暴躁、性格残忍的丈夫的控制力，同时对她能够很好地运用自己的权力感到高兴。

然而，她和她的主人之间也并不总是很和睦。叶卡捷琳娜有时也不得不忍受重大的考验。有一次彼得毫无理由就产生了嫉妒心理。他嫉妒的对象是宫中的一个军官，名叫德·拉·克洛瓦。彼得好像没有一定的证据证实他的猜测，因为他从未就此事公开说过什么，但他找了其他借口并立刻将这个军官砍头，而且下令将他的首级挂到莫斯科一个大广场的柱子上。然后他带着叶卡捷琳娜从不同的方向穿过这个广场，目的就是为了让她从所有角度看到那个军官的首级。叶卡捷琳娜很清楚这意味着什么，尽管这可怕的场景使她大吃一惊，在悲伤和惊吓中不知所措，但她还是在整个过程中很好地控制了自己，直到最后被允许返回她的住所，她才大哭一场，很长时间都不能平静下来。

除了这类偶尔的插曲，沙皇表现出对他妻子很强的依恋，她继续作为一个忠实挚爱的妻子和他生活了20年；从她和他秘密结婚到她丈夫去世，这段时期她不仅和他有私人的或个人的关系，同时还和他的公开嗜好和关注的大事有着重要关系。她陪他旅行，帮他在国家事务上出谋划策。

他在回复很多政策性的问题时都借鉴了她的判断，无论是国内事务还是国外事务；他和她商量所有与外交谈判相关的事宜，包括迎送大使，和外国签约，甚至有时候决定打仗或议和的问题。

但是，尽管叶卡捷琳娜在为丈夫出谋划策时表现出了政治家才有的崇高品质，但她在马林堡的官员家接受的教育非常不完善，以至于她从没学会书写，因此，不管是她丈夫在世时还是过世后，当她遇到在信函或文件上签字时，她从来不会自己写，而是让她的女儿代签。

最后，在彼得快要去世的时候，由于他没有儿子能让他在死后放心地交付他的帝国，因此他下令让叶卡捷琳娜隆重加冕为女皇，让她成为皇位的继承者。但是，在描述加冕礼之前，有必要讲讲导致这一结果的种种原因，这和彼得的长子，阿列克谢王子悲惨的人生有着密切的联系。

第十五章

阿列克谢王子

精彩看点

阿列克谢的出生——父亲的希望——阿列克谢享受的特权——阿列克谢返回俄国——她遭受的苦难——沙皇的不满——儿子的出生——残忍地漠视——阿列克谢的妻子派人请沙皇——临终时的情景——侍从们的悲伤——公主的绝望——高贵的地位不能保证幸福——彼得的最后通牒——给阿列克谢的信——新的威胁——更积极的声明——阿列克谢的回复——他身体的真实状况——堕落的性格——阿列克谢的同伴和顾问——神父——阿列克谢同伙们的计划——总方针——旧莫斯科党——阿列克谢的观点——彼得的困惑——又一个最后通牒——决裂的谈话——阿列克谢口是心非——来自哥本哈根的信——抉择——彼得不合情理的严厉——阿列克谢绝望了——阿列克谢的决定

第十五章 阿列克谢王子

读者可能还记得彼得和他第一任妻子的儿子,前面就有关于他出生的描述。他这个儿子名叫阿列克谢,他注定会成为一场可怕的悲剧里的主人公。关于这个故事的描述构成了他父亲执政史中最黯淡最悲伤的一章。

阿列克谢出生于1690年。在他的早期生活里,他父亲对他非常宠爱,他是父亲许多雄心勃勃的希望和计划的中心。当然,彼得希望阿列克谢能成为皇位的继承者,因此彼得花费很大心思使阿列克谢具备接任这个崇高职位的能力。当阿列克谢还是个孩子的时候,彼得就以他为荣。随着阿列克谢长大,彼得希望儿子能继承自己的抱负和能力,所以煞费苦心地用与其地位相符的豪情壮志激励他,教授他关于战争技艺的知识。

可阿列克谢对这些都没有兴趣,不管以哪种方式,他父亲都无法使他感兴趣。他懒散懈怠,胸无大志,没什么事能激起他的热情。他的大半时间都花费在无所事事和堕落放纵上。这些习性也有损于他的健康，并使他越来越不喜欢父亲希望他履行的职责。

沙皇尝试了各种手段来改变他儿子的性格和唤醒他的某种积极意识。为了达到这个目的，他在去国外的途中带上阿列克谢，把他介绍给东欧各国的执政王子，向他展示他们的首都，介绍不同国家采用的各种军事制度，使他熟悉这些宫廷中的主要人物。但这一切都不起作用。除了无所事事的放纵和恶习，他不能对任何事情产生兴趣。

最终，当阿列克谢年满20周岁时，也就是1710年，他父亲有了让他结婚的想法，认为婚姻可能会影响他。因此他指示他的儿子挑选一个妻子。有可能是他给选的妻子。无论如何，他控制着选择权，因为阿列克谢对此表现得非常淡漠，仅仅出于顺从父亲的命令而同意了这个婚事。

新娘的人选是位波兰公主，名叫夏洛塔·克里斯蒂娜·索菲亚，是沃芬布特尔的公主。经过相应的手续，一纸婚约将两个人结合在一起。

缔结婚约两年后，他们举行了婚礼。当时阿列克谢22岁，新娘18岁。然而，婚礼根本谈不上愉快。阿列克谢在婚后仍然没有任何长进的迹象，对此他父亲非常不满。一次，彼得非常生气以至于威胁他说，如果他不改掉恶习并依然对自己的职责不感兴趣的话，就剃光他的脑袋，把他送进修道院，让他成为一个修道士。

至于公主自己对她丈夫的真实性格有多少了解，这很

夏洛塔·克里斯蒂娜·索菲亚油画像

难说，但其他所有人都很清楚。沙皇的心情很不好。公主的父亲希望办一场盛大的婚礼，但沙皇不同意。因此婚礼在波兰的一个省级城市，以一种安静朴素的方式举办，婚礼结束后，阿列克谢和他的新娘一同去了她父亲的领地。

阿列克谢和波兰公主的婚礼是在他父亲和第二任妻子，叶卡捷琳娜皇后公开举办婚礼的前一年举行的。

正如彼得所预料的，阿列克谢在婚礼上承诺的改变完全不见成效。他和妻子在波兰逗留了很短的时间，期间他忍耐得还不错，然后就带着他的妻子返回俄国了。可是他一回到老朋友身边就马上恢复了他的恶习。很快，他就极其残忍地漠视了他的妻子。他在宫殿的一头给她安排了一套独立的房间，而他自己则住在另外一头，在那里他可以自由自在、无拘无束地为所欲为。有时，他甚至一个礼拜都不见他的妻子。他买了一个小奴隶，名叫阿夫罗西尼亚，他把她带到他的宫殿，无耻地和她在一起生活，完全忽视了他心碎的妻子，使她远离朋友，整日在痛苦中哀叹自己悲惨的命运，在悲伤和眼泪中变得日益憔悴。

她的日常生活甚至都得不到妥善的安置。她的房间被忽略了，得不到任何修理。房顶漏雨，寒风从不合尺寸的窗户和门缝中穿过。阿列克谢根本不关注这些事；他让妻子独自忍受痛苦，而自己却整日沉溺于和阿夫罗尼西亚以及其他狐朋狗友的饮酒作乐之中。

期间，沙皇的注意力完全放在国家事务上，以至于无

第十五章 阿列克谢王子

彼得一世训斥阿列克谢,尼古拉·戈绘

暇顾及阿列克谢。有时,他会责骂阿列克谢不负责任,道德败坏,并对他发出严厉的警告;然而他的规劝产生的唯一作用就是,父亲一走,阿列克谢就会去他妻子的房间,用最粗鲁最残暴的方式质问她,因为,正如他所说,是她给沙皇告状,或者按他的说法,"拨弄口舌",所以才导致父亲挑他的毛病。公主否认,并义正词严地申明她从来没有向沙皇做过任何抱怨。但阿列克谢根本就不信,只会重复他的谴责,然后怒气冲冲地离开。

这种情况持续了三四年。期间,公主生了一个女儿;后来她终于生了一个儿子;但即使这样,她也没能唤起丈夫对她的尊重或怜悯。他一如既往地漠视她。她仍然没有得到适当的安排，在分娩期间也没有得到很好的照顾。结果在她生完孩子几天后就得了热病，而且病情恶化了，以至于很快就无药可救了。

当她意识到自己要死了，她派人去请求沙皇来看看她。彼得此时也生病在床，几乎起不了身；但他——让我们铭记他的这一善举吧——仍然不愿拒绝这个请求。通过把一张床，或者担架放在车上，他被以这种方式送到了公主的房间。她诚挚地感谢他前来探望，并将她的孩子，从波兰带来的仆从，还有那些始终对她忠贞不渝的人托付给他，恳请他保护和照顾他们。她亲吻了孩子，用最令人动容的方式和他们告别，然后把孩子放到沙皇的怀抱里。沙皇慈祥地接过了孩子。然后他和孩子的母亲道别，带着孩子们离开了。

在此期间，公主的卧室、前厅以及所有通向她房间的通道都挤满了仆人和她的朋友，他们都为她凄惨的命运哀叹，甚至悲痛得无法抑制。他们跪在地上或匍匐在地上，不停地祈祷，请求上帝拯救他们的女主人，他们的祈祷伴随着眼泪、抽泣和痛苦的哀叹声。

医生努力劝公主服用他们带来的药，但她把药瓶都扔到床后面，请求医生再不要让她痛苦了，她死意已决，只想平静地死去。

又过了几天，她死了，死前大部分时间她都在祈祷。

妻子的死亡并没有对阿列克谢的思想产生积极的影

第十五章 阿列克谢王子

响。在葬礼上，他的父亲，沙皇针对他的罪恶行径发表了一通措辞严厉的言论，并明确宣称，如果他不立刻改过从新，过一种跟他身份和职责相符的生活，就将剥夺他的继承权，如果有必要的话，他不惜让陌生人继承皇位。

接着，沙皇以写信的方式和他的儿子沟通，措辞非常严厉。这封信一开始就详细描述了沙皇为了唤醒儿子的雄心壮志、引导他改过自新做出的长期而丝毫无效的努力，大致内容如下：

我经常责备你的顽固不化和倔强堕落！我甚至还经常纠正它们！现在，好多年我都不再想提起它们！所有一切都徒劳无益。我的谴责没有产生任何结果。只不过浪费了我的时间和力气。你从来都不思进取，似乎只能从懒惰和无所事事中得到满足。

因此，经我慎重而全面的考虑，我已确信我不能让你尽到应尽的职责，所以我把我的决定通过写信的方式告诉你，这也是我最后的决定，在我最后实施它之前，我决定再等等，再给你一次浪子回头的机会，看看你是否会改过自新。如果你还做不到，那么我将彻底剥夺你的继承权。

不要以为我没别的儿子，我就不会真的那样做，只是说来吓唬你。你要相信我言出必行；因为就算是我也不能拿我的国家和人民的安全作儿戏,凭什么我就应该让你拿它们当作儿戏呢?我宁可把我的信任托付给某个我信得过的人,也不会给你这样的无用之徒。

(署名)彼得

读者从结尾部分的措辞可以观察到——细读整封信则体现得更明显——彼得谴责儿子的根本原因不是他道德败坏,而是他的懒惰和不求上进。如果阿列克谢表现得像一个生机勃勃的年轻人,充满军事热情和统治野心,就算他的私生活堕落腐败,可能也不会激起他父亲的不满。然而,彼得本人野心勃勃,精力旺盛,他还怀有使帝国变得更加强大的宏图远志,很多计划在他有生之年只能实现开始的部分,大部分还要依靠他的继承人凭借自己的精力和才能去实现,因此,他迫切地想要使他的儿子成为那个时代最优秀的军事家。现在,目睹儿子不屑于就在眼前的大好时机,贪图安逸闲适、放纵堕落的生活,这影响了彼得的宏图大计的施展,因此他对儿子完全丧失了耐心。

阿列克谢对他的所作所为找的借口和那些坏男孩为自己的无所事事和不良行为找的借口一样,也就是说,身体不好。他给他父亲的回信如下。直到他收到信两三个礼拜后才写了回信,在此期间,叶卡捷琳娜皇后生了一个儿子,

第十五章 阿列克谢王子

这在最后一章会提到。阿列克谢在信中拐弯抹角地提到了这个男婴。

  仁慈的父皇陛下：

  在安葬完我的亡妻后，我已经读了陛下您1715年10月27日给我的信。

  如果您因为我的无能而决定剥夺我的皇位继承权的话，我无话可说——您一定会那样做的。我甚至请求陛下您能亲自这样做，因为我自认为不能胜任国家政务的管理。我的记忆力严重衰退，没有良好的记忆就无法处理政务。疾病使我的身体和精神非常衰弱，使我无法管理如此多的人，他们需要的是一个精力旺盛的沙皇，而不是像我这样的人。

  出于以上原因，我并不盼望成为您驾崩之后——愿上帝永远保佑您——的皇位继承人，尽管我之前没有弟弟，但是现在有了，祈求上帝保佑他长命百岁。今后我也不会对继承权提出要求，请上帝见证这个庄重的誓言，我亲手写这封信并予以署名确认。

  我将我的孩子交予您，至于我，在有生之年我只希望您能给我维持生活的基本费用，其他一切都听凭您的处置。

您最卑微的仆人和儿子,

阿列克谢

对于以上儿子的回复,沙皇并没有立刻提出反驳。那个秋冬时节他正忙于处理政务,而他的身体也很虚弱。最后,大约6月中旬的时候,他给儿子写了封信:

我儿,由于疾病缠身,一直到现在我才能回复你对我上封信的回信。我看到你在回信里提到皇位继承,我不需要你对此事表达意见,因为这完全由我决定。但你何以丝毫不提及你的懒惰和无所作为,以及一直以来对公共事务表现出的厌恶呢?这才是我更愿意提及的事,而不是你的健康问题,尽管你只关注后者。我在信中还表达了对你多年以来所作所为以及生活方式的不满。但你对此保持缄默,尽管我再三强调这点。

从以上这些,我判断你对我作为父亲的劝勉之词毫不在意。因此我决定写这封信给你,这也是我写给你的最后一封信。

我不认为你对给予你生命的父亲尽过任何义务。自从成年后,你有帮他做过什么分忧解难的事吗?不,当然没有。全世界都知道你没有。另外,你

第十五章 阿列克谢王子

指责和厌恶我不顾健康为我热爱的人民以及他们的利益所做的任何有益的事,我完全有理由相信,如果你活得比我长的话,你就会毁了所有这一切。

我不会让你继续以这种方式过下去。要么改过自新,努力让你自己成为合格的继位者,要么去修道院做修道士。我对你目前的所作所为非常不满,尤其当我发现自己的健康每况愈下时。因此,你一收到我的信,就立刻让我知道你的答复,写信或当面告诉我都可以。如果你不回复,我将立刻判你有罪。

彼得

阿列克谢第二天就回信如下:

最仁慈的父皇陛下:

我昨天早上,也就是本月19号,收到了您的信。因为疾病缠身,我无法写一封长信回复您。让我去修道院吧,恳请您的恩准。

您最卑微的仆人和儿子,
阿列克谢

毫无疑问,阿列克谢对他身体状况的抱怨是有合理原因的。孩提时他的身体就不健壮，而后期的堕落放纵大大损害了他的身心。然而，他打着生病的幌子，是为了争取时间，防止他父亲做出任何决定，这样他就可以继续过那种不求进取、堕落放纵的生活，同时不会受到任何打扰。事实上，据说他之所以不能专注于他父亲要求他完成的学业和履行的职责，主要是因为他酗酒，这使他整天处于恍恍惚惚的状态。

这也不能全怪他。彼得对他非常严厉，有可能彼得一开始拨给他的补贴就不足以弥补他虚弱的体质。就阿列克谢做修道士这件事，他俩说的都不是真心话。彼得说要把儿子送到修道院去，只是为了恐吓他；阿列克谢说他愿意去修道院，只是出于逃避他的父亲，使自己免受他的干涉。他很清楚，做修道士是他父亲无计可施时的最后对策。

此外，聚在阿列克谢身边的伙伴和顾问大多数都是和他一样的下流放荡之徒，其中不乏比他狡猾世故之人，正是在他们的挑唆下，他才采取了这些做法，跟父亲争吵不休。其中有些是牧师，尽管身为神职人员，但他们和其他人一样道德败坏。这些牧师和阿列克谢的顾问们教唆他假装同意送他去修道院的计划，因为他父亲只是恫吓他，并不会真的这样做。此外，就算真的这样做了，也没什么坏处；因为誓言对于普通人根本不可能收回，但对他来说完全不起作用，一旦他父亲驾崩，他就会继承皇位。他们同时还说，他可以过以前那种安逸享乐的生活。

第十五章 阿列克谢王子

很多支持阿列克谢并怂恿他反对父亲的人都有自己的一番打算。他们都是反对彼得实施新政的人，之前曾属于索菲亚一派，他们的聚焦点就是反对彼得的政策。在君主专制的国家，这种情形经常发生：有一个党派反对统治者推行的政策，如果可能的话，反对派们会从皇族成员中寻找一个领导者，如果他们争取到的这个人刚好是下一个继承皇位的人，那就最好不过了。为了达到目的，他们引起皇族成员间的争吵，或者，一旦因为各种原因出现争吵的苗头，他们就不遗余力地使之扩大化，通过这种方式使王子或公主远离国王，从而为王子或公主赢得声名和威信，而他们从中牟利，并以此作为他们的聚焦点和活动中心。

这正是目前的情形。所谓的旧莫斯科党，即反对彼得新政和引进外国影响的党派，聚集在阿列克谢的身边。据说，他们中有些人已经在密谋废黜彼得，拥戴阿列克谢登上皇位，恢复旧的社会秩序。彼得对此非常了解，流言给他带来的恐惧加剧了他对阿列克谢所作所为的焦虑以及对他的反感。实际上，我们有理由相信阿列克谢接纳了反对派的意见。他这么做很自然，因为旧的社会秩序更能满足他这样一个昏君的愿望和私欲，他只在乎权力带给他的无尽放纵和享乐。正是阿列克谢对他父亲改革政策的偏见，彼得才在信中提到，阿列克谢的意愿使他做过的所有努力都付之东流。

当他收到阿列克谢的信，说他听从父亲的安排，随时准备好进入修道院时,彼得很长时间对此一筹莫展。他无意于让阿列克谢履行诺言,因为威胁把他送去修道院不过是吓唬他的幌子。因此,在接到回信后,有段时间他没有采取任何行动,只是通过诅咒和牢骚来发泄他的愤怒。

彼得此时正忙于处理他和其他国家打仗时引起的重要外交事务和谈判。在接到阿列克谢那封短信之后不久,他就离开俄国,前往中欧。在他动身前,他去见阿列克谢,一方面和他道别,一方面向他重申了他所谓的最后通牒。

当听到父亲要来,阿列克谢立刻躺在床上,并以这种方式迎接他的父亲,好像他真的病得很重似的。

彼得问他的决定。阿列克谢回答说,他希望进修道院,并已做好准备。他父亲强烈反对这一决定,并苦口婆心地劝他。他措辞严厉地说,他是个愚蠢的年轻人,因为他正当盛年,前程大好,却放弃一切,整天把自己关在幽暗的修道院过一种苦行僧的生活。彼得努力说服他,为了美好前程改过自新、精神焕发地履行他作为儿子和王子应该履行的职责,准备迎接登上皇位的光荣使命。

最后,沙皇说他会给他6个月的时间考虑这件事,然后和他道别,就离开了。

他刚一离开,阿列克谢就从床上一跃而起,和他的同伴们一起吃喝玩乐去了。当然,他在喧闹的酒宴上拿他和他父亲的会面大开玩笑,以及父亲如何诚惶诚恐地反对他做最初用来威胁他的事。

第十五章 阿列克谢王子

沙皇为了处理事务去了哥本哈根。在那里他收到了阿列克谢的一两封信,但信中丝毫未表露他改变主意的想法,最后,夏末的时候,沙皇又给他写了一封措辞非常严厉和果断的信:

哥本哈根
1716 年 8 月 26 日

我儿:

你 6 月 29 日的第一封信和 7 月 30 日的第二封信,我都收到了。在信中,你只提到你的健康状况,我给你写这封信就是想告诉你,道别前我曾要求你就皇位继承的事做出决定。当时你以你一贯的方式回答我说,由于身体虚弱,无法胜任,所以宁愿选择去修道院。我吩咐你再认真地考虑一下,然后再告诉我你的决定。我已经等了 7 个月,迄今还未收到你对此事的任何决定。你考虑的时间够长了,因此,你一收到我的信,就告诉我你的决定。

如果你决定履行你的职责,使自己成为合格的皇位继承人,我希望你立刻离开圣彼得堡,在一周内来这儿和我会合,以便在战争开始之前到场。但是,如果你选择修道院的生活,那就让我知道你履行决定的时间、地点和具体日期。让给你送信的信使把你的最终回复给我带回来。

　　如果你决定来和我会合，切记告知我你从圣彼得堡出发的具体日期，如果不来的话，告知我你履行诺言的准确日期。我再次明确地告诉你，你必须做出决定，否则我只会认为你在拖延时间，以便继续沉溺于你一贯的懒惰怠急。

彼得

如果我们考虑到阿列克谢已经 30 岁了，而且也是个父亲了，就不难想象这样的措辞只会激怒他，令事态更加恶化，而不是使他浪子回头。实际上，他被这封信逼得走投无路，终于从一贯的懒惰怠急和稀里糊涂中清醒过来，他和他别有居心的顾问们一同制定了一个计划，他打算秘密逃走，彻底逃出他父亲的控制，并向国外势力寻求庇护。他实施这项计划的方式及其最终结果将会在下一章被提及。

第十六章

阿列克谢的逃亡

精彩看点

阿列克谢决定逃走——阿列克谢为逃亡做准备——秘密——阿列克谢欺骗阿夫罗西尼亚——阿列克谢如何得到金钱——亚历山大·吉金——阿列克谢开始旅程——会见吉金——安排——计划成熟——吉金狡猾的计谋——伪造的信——吉金和阿列克谢协调他们的计划——被拦截的可能——更多的谎言——抵达维也纳——沙皇派人接回阿列克谢——和使臣的会面——阿列克谢的威胁——返回那不勒斯——圣·艾尔莫——旷日持久的协商——阿列克谢最终决定返回——他写给父亲的信——阿列克谢交出自己

第十六章 阿列克谢的逃亡

阿列克谢接到沙皇来自哥本哈根的信,命令他立刻出发前去和他会合,否则就送他去修道院,于是,正如上一章所提到的,他立刻下定决心利用这次机会彻底摆脱他父亲的控制。于是他假装服从父亲的命令去哥本哈根,以便在离开俄国前不动声色地做好必要的准备,然后,一旦跨过国境,他就可以去他想去的任何地方。他决定逃往外国,在那里寻求某位王子或君主的庇护,他们可能因为跟他父亲之间的矛盾或其他动机而决定支持他。

他立刻开始为出逃作安排。关于他出逃安排的真相永远无法确定,因为这些信息都来自他被抓回来以后所做的供词。但是他的供词简直乱七八糟,先招供一点儿,再招供一点儿,接着就自相矛盾了,然后又接着供认,当事实不利于他时,他就对之前说过的话予以否认,因此要从他混乱、自相矛盾的供词中辨别真伪,几乎不可能。无论如何,整个事件的过程如下:

首先，他决定要对所有人隐瞒他的计划，除了两三个最初建议他采纳此计划的密友和顾问。他决定带上他的情妇阿夫罗西尼亚以及一定数量的家仆和侍从，但他没有向他们透露去向。他只让他们知道他要去哥本哈根和他的父皇会合。他担心，如果任何一个人知道他的真实意图，那么他的计划就会被泄露出去。

至于阿夫罗西尼亚，他很清楚她知道他不会带她去哥本哈根见他的父皇，他欺骗说他只带她去旅行，从而隐瞒真实计划。因此她毫不怀疑地准备随他出发。他骗她说只带她到里加，波罗的海边的一个城市，去哥本哈根途经该市。阿列克谢不愿把阿夫罗西尼亚当作自己的心腹，因为她从来都不愿意做他的伴侣。她是个芬兰女孩，在战争中做了俘虏，由于她的美貌而被当作奴隶出售。当她被阿列克谢据为己有后，他强迫她顺自己的意。她只是个奴隶，任何反抗或抱怨都是徒劳。据说，如果她敢反抗的话，阿列克谢就会拔出剑威胁要杀了她，这样她不得不屈从于他。尽管他看上去非常依恋她，但他从未觉得她会忠诚地支持他。

阿列克谢借口要去见哥本哈根的父亲，从政府要员和他父亲的朋友那里筹借了数目可观的钱。他给他们看父亲的信，这样他们就有充足的理由给他提供旅途的花费。他借到数目最大的一笔钱是两千杜卡特，是缅希科夫王爷借给他的，他在彼得心目中有很高的地位，因此彼得外出期间将儿子托付给他。王爷还给了阿列克谢一些建议，关于

第十六章 阿列克谢的逃亡

如何安排他的行程，如果他真打算去哥本哈根的话。

阿列克谢出逃计划的主要教唆者和指导者是一个名叫亚历山大·吉金的人。吉金是俄国海军部的一名高级军官，沙皇曾经非常信任他。但他倾向于支持旧莫斯科党，希望通过一次政变使该党重获统治大权。当时他并不在圣彼得堡，而是提前出发为阿列克谢准备容身之所。阿列克谢准备和他在里堡城会面，这座城市坐落在波罗的海海岸，位于圣彼得堡和哥尼斯堡之间，阿列克谢就是要取道这个路线前往哥本哈根。阿列克谢通过写信跟吉金沟通，吉金为该计划做了详尽的安排和指导。他故意与阿列克谢保持距离，以免引起怀疑。

最后，当一切就绪，阿列克谢带着阿夫罗西尼亚和几个侍从从圣彼得堡出发前往里堡，在那里与吉金会合，并互相热烈祝贺他们行动的初步成功。

阿列克谢问吉金为他准备的容身之所，吉金回复说他已安排他去维也纳。他已假冒沙皇派他办理公务之名，亲自去过维也纳了，并在那里觐见了神圣罗马帝国皇帝。神圣罗马帝国皇帝同意接纳和庇护他，并承诺在未达成永久满意的协议前，不会把他遣送回他父亲那里。

"所以你要继续前行，"吉金接着说，"到哥尼斯堡和但泽，然后转向去维也纳的路，而不是继续前往哥本哈根，等你到维也纳，神圣罗马帝国皇帝会给你提供一个安全的容身之所。到那里以后，如果你父亲发现并派人前去劝你返回，你无论如何不能听他的话。因为既然你已经以这种方式离开了你的国家，一旦你父亲重新控制你，他会砍了你的脑袋。"

吉金耍了许多诡计转移人们对他和阴谋参与者的怀疑，并嫁祸于无辜的人。此外，他劝诱阿列克谢给圣彼得堡的不同人士写了几封信——缅希科夫王爷就是其中之一——感谢他们的建议和资助，他因此得以踏上行程，他们以为他是真的要去哥本哈根见他的父亲，因此才真诚无私地给予他建议和帮助。然而，这些经吉金口述而写就的信措辞模棱两可、含糊不清，如果当时彼得本人看到的话，就会怀疑这些人也可能卷入了阿列克谢的阴谋，是真的想要帮助他逃走。信写好后，阿列克谢将他们交给吉金，将来某个时间需要的话，他就会将信呈给彼得，假装这些信是他中途截获的。这样他就可以转移人们对他的怀疑，从而嫁祸于无辜之人。

吉金还协助阿列克谢从里堡给他父亲写了一封信，信中说他已经离开圣彼得堡，踏上了前往哥本哈根的遥远路途。写这封信时，阿列克谢还在里堡，但这封信的落款并不是里堡，而是更前方的哥尼斯堡，然后信被寄了出去。

当阿列克谢在吉金的协助下安排好一切后，他准备再次动身。他先到哥尼斯堡，然后到但泽，在那儿，他就不再按他父亲的计划登船前往哥本哈根，而是转向去维也纳的方向。正是从这里，他对他父亲的真正背叛开始了。他

第十六章 阿列克谢的逃亡

对能否达到这里曾疑虑重重。他问吉金，万一他父亲派人来哥尼斯堡或但泽接他，那该怎么办？

"你首先必须和他们会合，"吉金说，"假装见到他们很高兴；然后再设法在夜晚逃走，要么独身一人，要么只带一个仆从。因此你必须丢弃你的行李以及其他所有东西。或者，如果你做不到这点，你就假装生病。如果是派两个人来接你的话，你可以让其中一个带着你的行李和仆人先走，保证随后就和另外一个人跟上来；然后你可以设法贿赂另外一个人，或者以其他方式骗他随你一起逃到维也纳。"

阿列克谢没有机会将这些权宜之计付诸行动，因为没有人来接他。他一路畅通无阻地来到哥尼斯堡，从这里可以取道维也纳。现在有必要向阿夫罗西尼亚和其他随从解释一下他为什么要改变方向；因此他告诉他们，他接到一封来自父皇的信，命令他在去哥本哈根前先去维也纳处理一些公务。于是，当他改变方向时，他们没有表示任何怀疑，跟着他出发了。

阿列克谢一路来到维也纳，在这里他请求皇帝的庇护。皇帝接待了他，并倾听他对沙皇的种种控诉——可以想象得到，阿列克谢将他和父亲争执的所有责任都推到了他父亲身上——而且，在不同的宫殿招待了他一段时间后，神圣罗马帝国皇帝在提洛尔堡垒给他提供了一处秘密的容身之所。

阿列克谢藏身于此，直到过了很久，他的父亲才明白发生了什么事。最终，沙皇得知他在神圣罗马帝国皇帝的领地上，于是他亲手给皇帝写了一封急信，历数阿列克谢种种不端行为的真相，要求他不要给这个不孝反叛的儿子提供任何庇护，而应该立刻送他回家。他派了两个使臣承担送信的职责，同时，如果皇帝决定交出阿列克谢的话，他们可以将他押解回国。

皇帝就信的内容和阿列克谢进行了沟通，但阿列克谢请求他不要听从他父亲的要求。他说所有的问题都归咎于他父亲的严厉和残酷，如果他被送回去的话，他父亲会在暴怒下杀了他。

经过长期的协商和拖延，皇帝最后允许两位使臣去阿列克谢藏身的地方拜访他，看他们是否能够说服他随他们回国。使臣给阿列克谢带去了他父亲的亲笔信，信中以严厉的措辞指责他的不当和不道德行为，以及他公开背叛父皇的权威所犯下的重大罪行，同时公开谴责他说，如果他继续坚持恶行，那么上帝会让他这个不孝子受到最严厉的惩罚。

但所有这些控诉对倔强的阿列克谢没有产生任何作用。他向使臣宣称，他不会跟他们回去，并且他还说，神圣罗马帝国皇帝已经答应给他提供保护，如果他父亲继续以这种方式侵扰他的话，他将不惜用武力反抗，借助皇帝给他的力量，向父亲宣战，罢黜他的皇位，自己取而代之。

第十六章 阿列克谢的逃亡

此后又经过长时间的交涉和拖延,期间发生了许多事,如果时间和篇章允许的话,这些事的讲述将会非常有趣。阿列克谢从一个地方转移到另一个地方,目的是为了逃避他的父亲,不管是通过武力还是计谋,最后他来到意大利的那不勒斯,藏到了那里的圣埃尔莫城堡。

与此同时,彼得越来越急迫地要求神圣罗马帝国皇帝把他的儿子交还给他,最后,皇帝发现两国之间的争执变得越来越严重,而且通过彼得对他儿子的陈述,他发现阿列克谢比他想象中的更不负责任,这似乎改变了他的立场,于是他开始建议阿列克谢回国。阿列克谢得知这一点后非常恐慌,毕竟,神圣罗马帝国皇帝不会支持他的反叛了,最终,经过多次协商、折磨和拖延,他决定不如利用这个机会回国。他父亲给他写了很多封信,承诺如果他回来的话,就赦免他,而如果他不回国的话,则用最严厉最决绝的言辞惩罚他。当他最后决定回国时,他给他父亲的最后一封来信做了如下谦恭顺从的回复。这封回信于1717年10月写于那不勒斯:

> 我仁慈的父皇陛下:
> 我已经通过托尔斯泰和鲁曼洛夫两位大使先生收到了您最亲切的来信,不论是在您的信中,还是通过两位大人捎来的口信中,您都仁慈地保证,如果我回去,您会赦免我未经您许可就擅自

离开所犯下的罪行。我眼含热泪诚挚地感谢您，我不值得您的厚爱。我将匍匐于您的脚下，乞求您的仁慈，恳请您宽恕我的罪行，对此我承认我应该受到最严厉的惩罚。但我相信您仁慈的承诺，如您所愿，我将立刻跟随您派来的使臣，从那不勒斯动身回到圣彼得堡照顾您。

您最卑微和不肖的仆人，
不配被您称作儿子的人，
阿列克谢

写完信并将信寄出之后，阿列克谢就跟随着托尔斯泰和鲁曼洛夫，在他们的监管下动身返回沙俄，将自己送入父亲的掌控；因为彼得此时就在俄国，他一听到阿列克谢潜逃的消息后就立刻回国了。

第十七章

审判

精彩看点

父亲就阿列克谢回国发表宣言——阿列克谢和父亲的面谈——沙皇的愤怒——刺激沙皇的根本原因——召集大会——朝堂上的一幕——有条件的赦免——阿列克谢的谦恭——秘密谈话——阿列克谢被剥夺皇位继承权——新的皇位继承人——宣誓——阿列克谢被囚禁——开始调查——囚犯——酷刑——逮捕吉金——侍从——他未能及时提醒吉金——给囚犯定罪——执行——阿列克谢不诚实的供词——他过分的做法——审查的结果——对阿列克谢不利的证据——一份供词——阿夫罗西尼亚的证词

第十七章 审判

阿列克谢一回国,沙皇就发表了声明,冗长详尽地历数了他儿子的不端品行和各种罪状,陈述他为了感化儿子而付出的徒劳无益的耐心和坚持,并宣布他下定决心彻底、不可逆转地剥夺他的皇位继承权。这份声明是历史上最引人注目的文件之一。它宣布剥夺阿列克谢作为沙皇儿子和后嗣的所有权利,并指定他的弟弟彼得,叶卡捷琳娜的小儿子,取代他成为皇位继承人;最后,阿列克谢此后不得自称有继承权,或以任何方式要求他已被剥夺的继承权,否则他将受到他父亲的诅咒。

阿列克谢在派去押解他回国的官员的监管下回国了,彼得一获悉这个消息,在和他见面之前,就发布了这个声明。阿列克谢继续前往莫斯科,沙皇就在那里等他。他抵达莫斯科的当晚就去皇宫和他父亲进行了长谈。父亲的愤怒使他极度慌乱,他极力表达了他诚挚的忏悔之意,并承诺要弥补所犯的罪,以平息父亲的怒火。但一切都太迟了。

沙皇的愤怒被彻底激发，无法平息。他公开宣称，他已下定决心废黜他的儿子，正如他在声明中所宣称，要以正式庄严的方式废黜，目的是为了使之作为国家举措具有完全的法律效力，这些必要步骤将在翌日进行。

必须承认，彼得的焦躁和愤怒并不是完全没有理由，阿列克谢的做法使他父亲完全暴露在可怕的危险之中——也就是说，引发臣民们的叛乱。彼得甚至不知道这样的叛乱已经被计划好，就等着付诸实践，尽管他已经成功地将阿列克谢重新控制起来，并把他带回国，叛乱仍有可能随时爆发。如果这样的叛乱已被筹划好，阿列克谢之名当然会成为它的口号和集结点．对这样一个组织广泛且随时会爆发的叛乱，彼得完全有理由感到恐慌。他立刻着手调查整个事件，进行分析。无论如何，他首先通过永久性地消除阿列克谢染指皇位继承权的可能，使他无法进一步兴风作浪。

因此，第二天早上拂晓之前，莫斯科市的守卫军全副武装，一支军队被安置在皇宫周围，以确保所有大门和通道的安全；同时下令将大臣、贵族和国家顾问接到城堡的大厅，将主教和神职人员集合到大教堂。每个人都知道他们被集合起来去参加的这一场合是为了让他们目睹沙皇因其儿子品行不端、罪状累累而剥夺他的皇位继承权；人们应召前往城堡，所有人心中都充满敬畏，就像那些观看死刑执行现场的人一样。

第十七章 审判

预定的时间一到,大钟就被敲响了,被解除了武器的阿列克谢像囚犯一样被捆绑着带到了城堡的大厅——贵族们集合的地方。沙皇站在大厅的最前端,身边围着国务大臣。阿列克谢被带到他面前。他走上前给他父亲呈上一封信,然后就跪倒在他父亲面前。显然,悲痛和羞耻已使他无地自容。

沙皇把信递给站在他旁边的一位官员,然后问阿列克谢他还有什么话要说。阿列克谢乞求他的父亲可怜他并饶他一命。沙皇回答说,他会饶他一命,并原谅他所有不忠和叛逆的行为,但条件是他必须完全彻底、毫无保留地供认与他上次出逃相关的所有事情,详细供出出逃计划的细枝末节,供出所有顾问和同谋的名字。但是,如果他的供认不完全不彻底——假如他刻意隐瞒任何事,或相关人员或参与人员的名字,那么对他的赦免将宣布无效。

沙皇还说,阿列克谢必须宣布放弃皇位,通过郑重宣誓确认放弃,并且亲手签署书面声明承认生效。阿列克谢似乎已被悔恨和痛苦完全击垮,对所有安排予以同意,并宣布他已经准备好坦白一切。

接下来沙皇问他,是谁建议和帮助他实施了上次的逃跑。阿列克谢似乎不愿意在这么多人面前回答这个问题,于是他低声对父亲说了几句话,旁边的人都没有听见。因此,他父亲将他带到隔壁的房间,他们在那里私下交流了几分钟,然后两人又返回大厅。人们猜测,他们离开大厅后,阿列克谢向沙皇交代了那些曾教唆并帮助他潜逃的人员名单，因为随后就有三名信使被派往三个不同的方向，好像接到命令前去逮捕被指控的人。

阿列克谢和他父亲一回到大厅，就被要求在拟好的文件上签字，宣称放弃皇位继承权。按照应有的程序，阿列克谢在文件上签字盖章。然后，沙皇宣读声明，陈述了他废黜长子的皇位继承权，并由他的小儿子，彼得取而代之的原因。宣读完后，所有在场的官员都被要求对着福音书庄严宣誓，并签署早已准备好的书面声明，表明沙皇已废黜阿列克谢的皇位继承权，并指定彼得替代他成为继位者，以上判决具备法律效力和约束力，且承认彼得是真正合法的继承人，他们必须用生命捍卫彼得并抵制任何反对他的人或事，并宣称他们永远不得以任何借口依附于阿列克谢或帮助他恢复继承权。

这之后所有人来到主教和其他神职人员聚集的大教堂，在这里，全体神职人员做了同样的宣誓，签署了同样的声明。随后，俄国的全部军官、地方官员和其他公职人员都被安排做了以上同样的宣誓。

结束了皇宫和大教堂的仪式后，众人就散了。阿列克谢被安置在莫斯科某个宫殿的监禁室里，除了沙皇派去看管他的人，任何人都不得接近他。

随后沙皇对整个事件展开了全面调查。一系列问题被列出来给阿列克谢，以便他在仔细考虑后写出答案。沙皇

第十七章 审判

在莫斯科召集了负责调查审讯的大法庭，教会和政府的高层被从全国各地召集来参加庭审。这些人郑重其事地来到首都，往返于各个庭审的大厅，他们穿过街道时的庞大队伍和浩大声势引来众多围观者。一旦发现与阿列克谢出逃有关联或可疑的人员，就立刻派出军官逮捕他们。有些人在没有任何预兆的情况下，被半夜从床上带走，关进莫斯科堡垒的地下室里。审问时，如果他们给出的回答模棱两可，或隐瞒任何法官认为他们知道的信息，就会被带到刑讯室施以酷刑。

最早被逮捕的人是亚历山大·吉金，他是阿列克谢最重要的密友和整个潜逃行动的指导者。吉金采取了最严密的防范措施以防他被查出来；但阿列克谢在回答第一轮问题时就出卖了他。吉金意识到了这个危险，为了防止阿列克谢泄密连累自己，也为了保证自己有机会逃跑，他收买了沙皇身边的一个侍从，一旦有逮捕他的风声，侍从会立即通知他。

这个侍从名叫巴克拉诺夫斯基。当沙皇签署逮捕吉金的命令书时，他正在沙皇的房间，和往常一样站在沙皇的座椅后面，以便随时传话或服侍他的主人。当他抬头时，发现沙皇正在签署逮捕令。他立刻设法找了个借口离开房间，匆匆来到邮局，给圣彼得堡的吉金发出一封危险警告的快信。

但沙皇注意到了他的离开，并派人跟踪他，这样他去邮局送信的事就被发现了，但此时快信已被送出。第二份逮捕吉金的密令也被马上送出，两封信几乎同时到达圣彼得堡。然而，送警告信的那个邮差稍微迟了一步。当他到达时，这位军官的家已经被50名荷枪实弹的士兵包围，吉金房间的军官们将他从床上抓住，然后给他戴上镣铐后就立刻带走了，甚至不给他时间和妻子告别。

这个侍从也被逮捕并关进了监狱。很多其他级别很高的官员也被以同样的方式逮捕了。

阿列克谢是2月初回到莫斯科的，几乎整个2月和3月都在逮捕嫌犯和审讯囚犯。最后，3月底的时候，一大批囚犯，包括吉金在内，被判处死刑，并以非常可怕的方式在莫斯科市中心的大广场上执行了死刑。

被吉金收买的侍从并没有被判处死刑。也许由于他太年轻，死罪可免，但活罪难逃，他被施以严酷的鞭刑。

在此期间，阿列克谢继续被禁闭在监狱里，他被重复审讯和交叉审问，不仅为了找到他潜逃的动机和计划的真相，还要得到国内抵制彼得统治的反对派制定这一计划和阴谋的原因，并且要查出是谁设计了借阿列克谢之名和地位实现他们的阴谋。阿列克谢本来承诺要全面彻底地坦白，但他并没有这样做。在回答第一次给他的那一系列问题时，他只供认了那些他认为瞒不住的信息，尽力隐瞒余情。不久后，他最初否认或逃避回答的许多事情就被其他涉案人员的证词充分证实了。然后，阿列克谢被指控在所做的供

第十七章 审判

词中故意遗漏或逃避相关信息，因而被要求重新招供，于是他重新录了一份供词，承认新发现的事实，谎称前面未提及这些信息是因为自己忘了，或担心泄露这些信息会伤害那些被牵扯进此案的人。这样他在每一份新的供词中继续漏洞百出、越陷越深，直到最后，他父亲和所有调查此案的法官都不再相信他说的任何话，并且几乎不再对他所处的困境产生任何同情之心。

审问持续了好几个月。总的来说，审讯的结果就是：大量证据表明，俄国有一支抵抗沙皇改革的反对势力，尤其反对将欧洲文明引入俄国，他们渴望发动一场叛乱，并利用阿列克谢和他父皇之间的争吵实现他们的阴谋。阿列克谢整日处于昏昏沉沉的醉酒状态，因此不可能在阴谋中出谋划策或发挥积极作用，但他凭直觉多少知道一些；他曾经声称要进修道院，并宣称放弃皇位继承权，其实他并不打算真的进修道院，那只不过是他蒙蔽父亲的幌子，他的真实目的是为了赢得时间。他承认他恨父亲，并希望他死，他逃到维也纳并希望能留在那里，直到有朝一日能回国，取代他父亲掌管整个帝国。但他又郑重其事地宣称，他从来没想过在他父亲有生之年采取任何行动，尽管有确凿的证据表明他是在撒谎。他最终承认，一旦以他为名的叛乱在俄国爆发，他就会响应号召并加入叛乱。

阿夫罗西尼亚披露的大量信息使阿列克谢和同谋者们的计划大白于天下。正如之前提到的，她是阿列克谢买来的奴隶，被迫违背自己的意愿加入叛乱的阴谋并听从他的安排。他从来都不信任她，只不过时不时用谎言诱使她做一些他想做的事，已达到他的特定目的。因此她从不觉得自己仰慕他或爱他，所以没必要替他隐瞒什么，因此她坦诚地回答了法官提出的所有问题。她的证词在很多地方都非常有价值，并使整个事件水落石出。

第

阿列克谢之死

精彩看点

阿列克谢的条件——两个法庭——它们的权力——沙皇要求做出判决——他对两个委员会的致辞——神职人员的考虑——他们的答案——他们引用圣经中的话——主教的谨慎措辞——他们建议宽恕和仁慈——阿列克谢的其他供词——神父——托尔斯泰被派去面见阿列克谢——沙皇的三个问题——阿列克谢的回答——他讲述自己接受教育的方式——他对父亲的感觉——委员会的决定——赦免——取消赦免——最后的判决——签名——7月6日——沙皇的心理斗争——阿列克谢被带来聆听判决——被恐惧击垮——他父亲的探望——悲伤的场景——阿列克谢第二次请求父亲去看他——他的死亡——沙皇的通知——他的遗体被庄重地安置在圣三一修道院——传言——葬礼——反对党被粉碎——阿列克谢的母亲——阿夫罗西尼亚——沙皇赦免她

第十八章 阿列克谢之死

上一章陈述的审讯和调查持续了好几个月。2月开始，直到6月才结束。在此期间，阿列克谢处于严密的监禁下，除非被带到法官面前接受各种审讯和盘问。随着真相的水落石出，他的处境越来越危险，他逐渐陷入一种无法想象的悲痛和恐惧中。

审讯他的法院不是正常的国家法院。而是由教会和国家高层组成的两个重要的评议会，他们是为此特别召集的，不是为了判决此案——因为，根据俄国古老的习俗，这是沙皇独有的特权——而是协助他调查此事，如果需要的话，就沙皇所做的决定提出建议。其中一个评议会由教会权威、大主教、主教以及高层神职人员组成。另外一个则由贵族、国务大臣、军官和海军高级将领以及其他高层公职人员组成。两大评议会分别在各自的大厅开会和讨论。在沙皇的指示下，涉案人员被依次带到法官们面前，以便他们继续调查此案，尽管他们很清楚，每个案件的最后判决都由沙皇一人决定。

最后，6月的时候，当所有的案件都被判决后，有关阿列克谢一案的证据也全部收集完毕，沙皇向各个委员会发出一份正式的文件，询问他们关于如何处置他儿子的意见和建议。

在他给大主教和主教的文件里，他这样说，尽管他知道自己有绝对的权力给儿子判罪，并按照自己的意愿处置他，而不需要征询任何人的意见，但是，"相比于处理别人的事，在处理自己的事务时，人类的辨识力有时候更有限，"他说，"因此，即便医术最高明的医生也不会冒险给自己开药方，而是在不舒服的时候寻求他人的帮助，"同样，因为敬畏眼前的上帝，害怕冒犯他，他决定把他和儿子之间的问题带到他们面前，他们可以参考圣经中与之相关的部分，并以书面的形式给出他们的观点：上帝在这种情况下会怎么做。他还说，他希望他们每个人写下自己的观点时要亲手署名。

在发给由政府权威组成的评议会的文件中，他作了同样的说明，要求他们就如何处理阿列克谢一事给出他们的观点。"我请求你们，"在文件的末尾他说道，"慎重考虑这件事，严肃认真地审查，弄明白我儿子到底该受到怎样的处置，不要讨我欢心，或者，假如你们判决他只应受到很轻的惩罚，也不要认为就会触怒我；我通过伟大的上帝和他的审判向你们发誓，在这件事上，你们不必对我有任何畏惧之心。"

第十八章 阿列克谢之死

"也不要这样考虑：认为是君主的儿子，就会影响你们做出判决。放心做出公正客观的判决，这样，你们和我在最终宣判的那天才不会感到自责。"

神职人员组成的评议会仔细探讨了如何对沙皇做出回复，决定谨慎行事比较可取。他们不愿意公然直接地建议判决阿列克谢死刑，而与此同时，他们希望对沙皇就判决采取的任何严厉措施予以赞同。因此他们不从正面提出任何建议，而只是从圣经中，包括旧约和新约，寻找对反叛的忤逆子女严重谴责的记载，以及犹太历史中曾对他们严厉惩罚的记述。他们做出的说明一开始就承认，彼得本人可以按照他的权力和意愿对儿子进行判决，他对此案拥有绝对的处理权；评议会对此案没有审判权，也不能擅自做出判决，或者说任何限制沙皇做出最佳判决的话。尽管如此，当沙皇在做出判决前向他们亲切地询问建议，并以此作为思想指导时，他们引用了圣经中与此相关的章节，表明上帝在这类有关君主和父亲的事件中所表达的意愿。

他们接着引用圣经的原文。有些是关于对忤逆反叛子女的谴责，例如，"戏耍父亲，藐视违抗母亲的，他的眼睛必为谷中的乌鸦啄出，"犹太法律规定，"如果某人的儿子倔强反叛，不听父母的话，而且当父母惩戒他时不愿顺从，父母就可带他来见城中的长者，把他带到城门口，对城中的长者说，我们这个儿子叛逆，不愿听我们的话；他贪吃，酗酒。然后全城的人都可以向他掷石头把他砸死。"

彼得大帝

他们还引用了和犹太历史相关的一些篇章，有些案例与此案相似，如儿子做了违背父母的事而被判处死刑，例如押沙龙的事例和其他。

他们从圣经里选取这些章节的目的就是为了说明，忤逆的罪犯应该受到最严厉的惩罚。然而，主教在说明的结尾部分补充说，他们是顺从沙皇的意旨引用了圣经的这些章节，这不是宣判，也不是判决，更不是以其他方式对此事做出权威的决定，而只是以上帝之言给沙皇提供精神的引导。他们说，给人判处死刑远不是他们的职责，因为耶稣教导神父们不要被愤怒支配，而要听从仁慈柔和的心的

押沙龙是古代以色列国王的第三子，他背叛父亲，后被处死。图为押沙龙之死

引导。他们没有权力判人死刑或让人流血。如果有必要的话,那也是政府的职责。他们的职责是使人们忏悔罪孽,让人们通过救世主耶稣获得救赎。

因此,在向沙皇递交他们的说明时,只说他应该做自己认为正确的事。"如果他决定要处罚他堕落的儿子,他可以按罪论处,他面前已有我们从圣经里节选出来的例证和做法。如果他倾向于宽恕,他可以以耶稣为例,因为他接纳和饶恕了浪子回头的不肖子,饶恕犯了通奸罪的妇女,按照律例,她应该被乱石砸死,但基督耶稣却选择了宽容而非处死。"

该文件的结尾如下:"沙皇的心在上帝手中,他的选择即上帝的意愿。"

至于由贵族、参议员及其他国家和军队重要公职人员组成的评议会,在做出判决前,他们将阿列克谢再次带到他们面前,以便得到更多的信息,看他是否还会坚持之前的供词。当着他们的面,阿列克谢肯定了他之前的供词,并直言不讳地承认了有反叛意图之前的罪行。他的精神此时看上去已经完全崩溃,对他来说,逃脱死刑的唯一希望就是最卑微最可怜的忏悔和最诚挚的请求。在他最后的供词中,他还供出了几个之前从未被指控过的人。有一个名叫詹姆斯的神父,阿列克谢说他曾向这位神父做过忏悔,除了提到其他罪孽之外,他还说,"他希望他父亲死。"阿列克谢说神父是这样回答他的,"上帝会宽恕你,我的孩子，因为我们也是，"神父的意思是，"同样的希望。"神父马上就被逮捕了，但是，当质问他的时候，他否认他做过这样的回复。审讯官于是给他施了酷刑，迫使他承认曾经说过这样的话。他是否真的说过这样的话，抑或只是为了结束酷刑的折磨才承认说过，已经很难说清了。

他们问他还听过谁说希望沙皇死的话，他回答说虽然他听到过有人说同样的话，但他不记得是谁了。他说这些人非常爱戴阿列克谢，以至于他们祝酒时称呼他为"俄国的希望"，并为他的健康干杯。

沙皇本人也得到了儿子最后的认罪书，并在评议会做出判决前将它送达。他通过派遣宫中职位最高的官员——托尔斯泰，给阿列克谢送去了一份书面指示，并得到了这份忏悔书。在整个事件中，托尔斯泰是他和儿子沟通的主要中间人。书面指示内容如下：

致 M. 托尔斯泰，枢密顾问：

今天下午去见我儿子，并记下他对以下问题的答复：

一、为什么他一直不顺从我，拒绝我要求他做的事，或不愿做任何有用的事，尽管他通过这种奇怪而非同寻常的方式已犯下那么多罪行、做过那么多丑事？

二、为什么他一点儿都不畏惧我，也不担心

第十八章 阿列克谢之死

违抗我所带来的必然的严重的结果?

三、是谁使他妄想即便不顺从我也可以得到皇位继承权,而不是按照自然顺序继承皇位?审问他任何与此案相关的事。

托尔斯泰去监狱见了阿列克谢,并向他宣读了这些问题。阿列克谢写了以下说明作为回复,并由托尔斯泰转交给沙皇:

> 尽管我很清楚,不顺从我的父亲并且拒绝做令他满意的事是一种很奇怪很不同寻常的做法,同时也是一种罪孽和丑事,然而,最初我是被引导形成这样的习惯,这就是我从小被家庭教师和她的侍女抚养的后果,从她们那里我只学到消遣、娱乐和偏执,对此我天生就有一种倾向。
>
> 接任家庭教师的指导老师也好不到哪里去。
>
> 之后,我的父亲由于担心我的教育,并想把我打造成沙皇的儿子该有的样子,下令让我学习德语和其他自然科学,这令我极其厌恶。我以一种非常随意的方式学习它们,只是假装学习,目的是为了拖延时间,其实并没有任何想要学习的兴趣。
>
> 而我的父亲经常和他的军队在一起,很少陪

我，他下令让缅希科夫王爷看管我。当他和我在一起时，我不得不认真学习，但是我一离开他的视线，就终日和神父、修道士为伍，喝酒取乐，因为他们观察到我唯一的爱好就是无所事事，所以他们不仅教唆我忽视本分，还乐于和我一起取乐。因为这些人从我幼年起就伴我左右，我已习惯于听从他们的指示，畏惧他们，按照他们的意愿做事，因此，渐渐地，他们通过转移我的兴趣使我对父亲的感情变了；以至于慢慢地，我开始对父亲的军队事务和其他事务感到害怕，甚至对他本人也感到畏惧，这使我总想离他远点儿。特别是亚历山大·吉金，当他和我在一起的时候，他总是费尽心思地让我沉溺于这种生活。

我的父亲，出于对我的爱，想使我和自己的地位相匹配，就送我去国外；但我已经长大成人，再也无法改变我的生活方式。

确实，游历对我很有益，但不足以消除我根深蒂固的恶习。

正是我的恶习使我不能理解父亲对我反叛的纠正。我确实害怕他，但不是儿子畏惧父亲的那种害怕。我只想从他身边逃走，决不顺他的意，只是尽我所能逃避他对我的要求。对此我要坦白一件小事。

第十八章 阿列克谢之死

当我从国外回到圣彼得堡我父亲的身边时,他问我是否已经忘记学过的知识,因为在某段旅程快结束的时候,他询问了一些情况,包括我的学习,我回答说没有。于是他让我带一些绘图给他看。接下来,因为担心他会命令我当面画给他看,我当然不会画,因为我对此一无所知。所以我往一把手枪里装了子弹,用左手拿着它,对准右手手掌,打算射穿它。然而子弹没能射中我的手,不过燃烧的火药足以烧伤它。子弹穿透了我房间的墙壁,今天还能看到子弹留下的印迹。

父亲看到我的手受伤了,问我怎么回事。我胡乱编了一个借口,而真相只有我自己知道。通过这件事你就能看出来我有多害怕我的父亲,但绝不是儿子对父亲的那种正常的敬畏。

至于我不想顺从父亲,以正常的继位顺序得到皇位,全世界都很容易明白这其中的原因;因为我一旦脱离正道,并决定不效仿父亲,还要从他那里得到皇位的话,自然而然会采取其他方式,甚至不惜以最不正当的方式去得到它。我承认我曾经愿意通过借助外国的帮助得到它,如果有必要的话。如果神圣罗马帝国皇帝愿意履行他的诺言帮我取得皇位,那么,即使动用武力,我也要不遗余力地得到它。

例如，如果神圣罗马帝国皇帝要求我随后给他提供俄国军队对抗他的敌人，作为他帮我得到皇位的交换条件，或者一大笔钱，我一定会如他所愿。我会给他的首相和将军赠送丰厚的礼品。总之，为了满足我的愿望，我不惜一切代价。

托尔斯泰将阿列克谢的这份供词交给沙皇，沙皇又将它送到政府的评议会，以帮助他们进行判决。

评议会用了一周的时间审理这个案子，然后起草并签署了他们的判决。

他们的声明一开始就承认，他们原本不具备任何权力来审判这样一个案子，按照帝国古老的宪法，只有沙皇本人拥有处理此类案件的特权，且不必因此以任何方式向他的臣民负有任何责任。然而，即便如此，沙皇仍然认为有必要咨询他们，于是他们接受了这一委托，经过全面调查此案，已准备好做出判决。

接下来他们开始宣布，经过完整的听讯和对所有摆在他们面前的证据，口头和书面的，包括阿列克谢自己的认罪书，进行仔细审核后，他们发现阿列克谢犯了叛国罪和对他的父亲和君主的谋反罪，理应被处以死刑。

"尽管，"评议会继续陈述，"在他回国前和回国后，沙皇，他的父亲，承诺他有条件赦免，并且对这些条件做了具体明确的说明，尤其是这一条：他应该完整、彻底地

第十八章 阿列克谢之死

坦白他的潜逃计划以及知情人员或涉案人员的名单。阿列克谢并没有遵照以上条件，特别是最后一条，他在回答法官审讯提出的问题时毫无诚意、闪烁其词，不仅隐瞒了许多重要涉案人员的名字，还隐瞒了阴谋者们的重要计划和企图，这表明他决定为自己留条后路，一旦有利于他的时机出现，他就会继续他的计划，实施他罪恶的图谋，推翻他的君主和父亲。他的这种做法使他不值得被他的父亲赦免，并无权对此提出任何要求。"

委员会判决的结束语如下："考虑到我们作为臣民和仆人，要这样对我们至高无上和宽厚仁慈的君主沙皇，他的儿子做出本不该由我们决定的特殊重大的判决，我们满心痛苦，泪流满面。然而，既然他希望我们进行此次审判，那么我们在此公布我们的真实意见，并宣读这一罪名，我们相信我们能够以纯净的良知和基督之名对上帝严厉、公平、公正的判决做出回应。最后，我们将做出的判决和定罪书提交给我们最仁慈的君主沙皇陛下审阅。"

评议会的所有成员，将近一百多人以最庄严的方式签署了这份文件。这些署名中有地位最高的国务大臣、国家顾问、元老、各省省长、将军以及国家政要和军队高层。这份文件在正式签署以后，被严肃庄重地呈交给沙皇。

沙皇好像承受了极大的痛苦，在犹疑不决和焦虑不安地过了一段时间后，他肯定了委员会的判决，并指定了一个日期提审阿列克谢，向他正式地宣读死刑判决。

阿列克谢油画像

第十八章 阿列克谢之死

这个日期定在了 7 月 16 日，大约是在法庭将判决结果呈递给沙皇两星期之后。时间拖了这么久，表明沙皇经历了激烈的思想斗争，一边是他作为君主的骄傲和荣誉，促使他必须以最果断最严厉的手段惩罚国家的叛贼，一边是他对儿子难以割舍的父爱。他很清楚，在经历了这么多事以后，他和儿子之间永远都不会有真正的和解，只要儿子还活着，儿子的名字就是反对党和叛乱者们的口号，儿子的存在就是那些畏惧文明进步的反对派们制定反叛计划时永久而强大的推动力。因此，他最终决定同意死刑的判决。至于他是否会真的执行死刑，就不得而知了。

当指定的日期到来时，评议会召开了庄严的大会，阿列克谢被从囚禁的堡垒里带出来，进行最后的审判。他由一支强大的护卫队护送。带到法庭公开受审时，评议会要求他重复已经做过的供认，接着法庭当场宣布了沙皇已经审阅过的死刑判决书。最后他又被带回了监狱。

发现自己被判处死刑，阿列克谢就被恐惧和悲伤击垮了；第二天一早，沙皇就接到消息，称经过一夜间隔发作的抽搐后，阿列克谢患中风病倒了。中午时分，又有消息传来，说他中风的症状经治疗后有所减轻，但他已经奄奄一息，医生认为他活不了多久了。

沙皇派了几个重要的国务大臣前去看望，而他自己则忧心如焚地等待进一步的消息。

最后，第三位报信人来了，他说阿列克谢可能活不过今晚，他想见他的父亲。沙皇立刻要求国务大臣们陪同他前往囚禁阿列克谢的堡垒。一进房间，看到儿子奄奄一息地躺着，沙皇就变得非常激动，而阿列克谢也忍不住泪流满面，他双手合十，乞求父亲原谅他所犯下的罪行。他说他曾极为可恶地冒犯了万能的主和沙皇陛下；他希望他的病不要痊愈，因为即便痊愈，他也会觉得自己根本就不配活着。但他乞求他的父亲，看在上帝的分上，收回他曾经对他发出的诅咒，并原谅他曾犯下的罪行。他祈求父亲给他祝福，为他的灵魂祈祷。

阿列克谢的这番话令沙皇和他身边的大臣官员们全都心酸落泪。沙皇温和地回答他，虽然他提到了阿列克谢所犯下的罪行，但他原谅了他并祝福了他，然后他在泪水和无法言说的悲叹中，带着随行人员离开了。这个场景真令人心碎。

7月7日凌晨5点，一名护卫队的陆军少校乘船从堡垒来到皇宫，带来消息说，阿列克谢十分渴望再见一次他的父亲。起初，沙皇不愿答应他的请求。他觉得他无法再次忍受这种见面的痛苦。但大臣们建议他去。他们进言道，拒绝垂死的儿子的请求太残忍了，因为他可能正在忍受罪恶感和内疚感的折磨，而父亲的陪伴会让他感到解脱和安慰。于是彼得同意了，但就在他登上前去堡垒的船时，另一条消息传来，说已经来不及了，阿列克谢死了。

儿子死后的第二天，为了提前阻止他的敌人利用此事

第十八章 阿列克谢之死

在欧洲大陆散播谣言,沙皇下令起草了一则关于阿列克谢接受审讯、判决以及死亡情况的说明,这则说明简洁周密,起草完后立刻被送到驻守国外的官员手中,以便他们真实地向他们所在国家的政府传达相关信息。

7月9日,阿列克谢死后第三天,为他举办了葬礼。他的遗体被安放在覆盖着黑色天鹅绒的棺柩里。一个华丽的纯金棺罩罩在棺柩上面,就这样,他的遗体被运送到圣三一修道院,并庄重地安置在那里,时间从当天下午一直持续到第三天的晚上。人们成群结队地来为他送行,并被允许上前亲吻他的手。

第三天晚上,在圣三一修道院举行了葬礼,然后阿列克谢就被下葬了。出殡队伍以沙皇、皇后以及宫中的主要贵族为首,规模庞大。包括沙皇在内的所有送葬者手中都拿着一支燃烧的蜡烛。女士们身穿黑色的丝绸。据那些离出殡队伍很近的围观者们说,沙皇一路都在哭泣。

在教堂举行葬礼时,牧师宣读了最适宜葬礼的布道,"哦,押沙龙!我儿!押沙龙!"

这一可怕的悲剧就这样结束了。阿列克谢死后,抵制沙皇改革的反对派们完全陷入混乱,从此他们再也没能兴风作浪,反对沙皇的革新计划。事实上,绝大多数主要头目都被执行死刑或者被流放到西伯利亚。至于欧多克亚,沙皇的第一任妻子,阿列克谢的母亲,被证实是阿列克谢阴谋计划的知情者,因此被遣送到一处守备森严的城堡，在城堡的地牢中度过了余生。对她的守卫如此森严，以至于她的食物都是通过墙上的一个小洞送进去的。

  关于阿夫罗西尼亚，在结尾时略提几句。当初阿列克谢被捕时，人们都以为，作为阿列克谢的奴仆和伴侣，她应该也是他谋反计划的参与者；然而在审讯的过程中，很明显的一点是，无论她参与此案或与此案有什么关联，都是非自愿和无辜的，而且她给出的证词对解开整个案件的疑团起到了很大作用。最后，沙皇对她的表现大加赞扬。对于她在阿列克谢实施计划时提供的非自愿帮助，沙皇予以全部的宽恕。他下令将从她身边没收的所有东西全部返还给她，还赐给她数目可观的珠宝，并说如果她打算结婚的话，他将会从皇家国库中拨出一大笔费用给她。但她毫不犹豫地拒绝了这一建议。"我在武力的逼迫下，"她说，"屈服于一个男人的意旨，但从此以后，再也没有人能靠近我。"

第

彼得大帝驾崩

精彩看点

　　小彼得的死亡——沙皇的过度悲伤——沙皇把自己关起来——大臣的策略——后来的统治——他对继位权的计划——要求人们发誓——纳雷仕金王子——公告——叶卡捷琳娜的作用——奢华的加冕礼——教堂的内部——讲台——天篷——仪式——彼得生病去世——娜塔莉亚——两人的葬礼——彼得的性格——和其他君主的对比——幽默的性格——例子——小祖父——被送到喀琅施塔得——欢快的游行队伍——庆典结束——叶卡捷琳娜被宣布为女皇——叶卡捷琳娜的短期统治——她仁慈的性格

第十九章 彼得大帝驾崩

阿列克谢死后,沙皇对继位者的希望就放在了他和叶卡捷琳娜的儿子,彼得·彼得罗维奇身上,这个男孩出生的时间和阿列克谢妻子去世的时间不相上下,那时,沙皇和阿列克谢之间的关系刚开始呈现一种令人担忧的局面。现在,这个男孩差不多3岁了,但他体弱多病,沙皇在照顾他时非常担忧。他的担忧很有道理,在阿列克谢死后一年左右,这个孩子也死了。

这场灾难彻底击垮了彼得。在强烈的刺激下,他的神经疾病使他再次开始抽搐,他的脸变形了,脖子扭曲而僵硬,呈现出一副可怕的模样。平常的时候,叶卡捷琳娜能够安抚和缓解这种肌肉的痉挛,慢慢使丈夫从这种可怕的痛苦中解脱,但这次他绝不让她接近。他无法忍受看见她,因为一看见她,他就会想起失去孩子的痛苦,结果他的抽搐和疼痛比以往更甚。

据说彼得就这样在自己的房间里待了三天三夜,他痛苦地躺在房间地上，不允许任何人进入。最后，一个国务大臣来了，隔着门用最诚挚的方式请求他出来对国家大事做出指示，他说，国家大事急待他定夺。国务大臣还带了许多元老来支持和声援自己。最后，沙皇允许打开门，于是大臣和元老们一起进了房间。这么多人的出现和这位大臣冒险采取的果断措施，对沙皇产生了极大的震动，他开始把自己从痛苦中转移出来，然后他允许他们把他带出来，并在他们的劝慰下吃了点东西。

彼得罗维奇死于1719年，彼得在此之后又继续执政6年。期间，他继续大力推进国内改革，并不断增强他在周边国家中的势力和影响力。在推行新政的过程中他再也没有遇到阻力，但他总是担心他死后新政会遇到麻烦。根据俄国君主制古老的宪法，他有权任命他的继承人，他可以选一个儿子或其他任何人作为君主候选人。现在，他的两个儿子都死了，他绞尽脑汁地想，生前如何安排这个国家的政府。他最终决定让叶卡捷琳娜接替他管理这一切，为了让她顺利登基，他决定要在有生之年将她庄严地加冕为女皇。

作为初步措施，在公开宣布叶卡捷琳娜成为他授意的继续人之前，彼得要求帝国所有的海军和陆军军官、所有贵族和其他重要人士签署一份庄严的宣言，发誓他们承认沙皇有权任命他的皇位继承者，并在他死后支持和保护他任命的君主。

这份宣言被印发到全国各地，人们欣然签名。但没人想到叶卡捷琳娜会是沙皇决定的最终人选。大家普遍认为

叶卡捷琳娜皇后骑马油画像

他会让纳雷仕金王子做他的继承人。沙皇本人对自己的意图保持缄默，他只是在等待付诸实施的时机。

实施该计划的第一步就是郑重地发布一则通告，宣布他的计划并说明原因。在公告中，他列举了许多伟大君主将他们的配偶推上皇位、和他们比肩同坐的历史实例。接着，他历数叶卡捷琳娜为他和这个国家做出的重大贡献，因此认为她配得上这一荣誉。他说，多年来，她一直是他尽心尽力、忠心耿耿的朋友和顾问。她分担他的工作和辛劳，陪伴他的旅程，在追随他的军旅中多次遭遇危险。她做的这一切都给予他极大的帮助，甚至有一次她拯救了他的整个军队，使它免于全军覆没。因此，他宣称他打算让叶卡捷琳娜和他一起坐上君主的宝座，并为此举办庄严的加冕礼。

加冕礼当然是在古老的莫斯科城举行，沙皇向全国的教会和政府高层发出命令，向外国使臣发出邀请函，让他们在指定的日子去莫斯科参加加冕仪式。

如果不是亲眼看见，你很难形容或想象加冕仪式的奢华和壮观。仪式的主要场景设在装饰华丽的大教堂。教堂的内部被许多蜡烛照得灯火通明，这些蜡烛被盛放在金质和银质的枝形吊灯里，从拱门上垂下，或固定在墙壁上。仪式中女皇要走过的台阶和教堂的地面被铺上装饰着金色刺绣的华丽地毯，主教和高层神职人员的座椅上铺上了深红色的布。

第十九章 彼得大帝驾崩

　　加冕礼的仪式是在一块突出的台子上举行的，这个台面被设在教堂的中央。台子上铺着深红色的天鹅绒，有台阶通向它，上面是一顶华丽的装饰着金色刺绣的丝质天篷。天篷的装饰也极尽奢华，四边缀着流苏、丝带、丛绒和吊穗，还镶着金色的花边。天篷下设有两个宝座：沙皇和女皇的宝座，附近是皇室公主们的座位，全都铺上了镶着金边的深红色天鹅绒。

　　吉时一到，皇宫的游行队伍就穿过密密匝匝的围观者，朝着大教堂行进。所有的窗户、屋顶和可以立足的地方都站满了人。盛装打扮的骑兵、乐队、传令官、国务大臣等手持金银珠宝装饰的坐垫、御用披风、地球仪、君杖以及皇冠依次通过。这队皇室人员就这样走向大教堂，在那里举行了仪式，华丽的服饰、旗帜、各种各样的帝王徽章被展示出来，绚烂夺目，整个仪式很冗长，最后才将皇冠戴在叶卡捷琳娜的头上，并敲响钟声，奏响小号和铜鼓，点燃礼炮，向全莫斯科的人宣告这一时刻的到来。

　　仪式持续了两天，进行了几场拨壮观的游行，直到第二天晚上，这些仪式才在一场盛大的宴会中落幕，这场宴会的举办场地是一个特设的装饰奢华的宽阔大厅。当皇室成员在大厅内享用盛在金盘中的美味佳肴时，外面的平民百姓在大街上大吃烤全牛，而公共喷泉里则涌出用之不尽的葡萄酒。

　　让叶卡捷琳娜加冕为女皇并不只是一种空洞的形式。

沙皇要在有生之年以正式合法的方式将最高统治权移交给她。这些安排也不算太早；因为加冕礼之后一年，就在他女儿，安娜·彼得罗夫娜公主和外国王子隆重的订婚仪式上，彼得突然感染恶疾，在经历了数日的折磨和痛苦后，最终还是离开了人世。他死于1725年2月28日。

他的一个女儿，娜塔莉亚·彼得罗夫娜，也是叶卡捷琳娜的第三个孩子，在他死后不久也去世了，于是父女俩同时举行了葬礼，葬礼以最威严壮观的仪式举行。葬礼持续了很久，彼得死后六个多星期，两人的遗体才最终被安葬；要描述游行、仪式、祷告、唱诗、服饰、羽饰、马饰、出殡装饰的雪橇、安魂曲、齐鸣的礼炮以及其他各种各样与此相关的场面和活动，恐怕得写一本书。

彼得大帝的一生就这样结束了。他的头衔当之无愧，因为，毫无疑问，他是人类有史以来最伟大最非凡的人物之一。他自己还未完全开化，但他却开化了两千万人，他的一生都致力于此项事业，不惜面对无数的危险、困难和挫折，而克服这一切需要惊人的毅力和充沛的精力。他不同于人类历史上的任何穷兵黩武专制君主，他们都是通过侵略外国而获得这一伟大头衔，从而使自己扬名天下，但在他们死后，一切又恢复到原来的状态，因此不会在身后留下永久性的成果，然而彼得开创的改革事业，即使已经进行了一个半世纪，仍然还在继续。这项时至今日仍在进行的事业取得的成就，可能比以往任何时候都要辉煌。

第十九章 彼得大帝驾崩

尽管彼得性格严厉、脾气暴戾，所有他的决定和计划都体现出一种野蛮的特征，然而他的性格中却有非常幽默的一面；当他说笑话或展示幽默时，没有人会比他更诙谐。他对工具的兴趣、亲手制作各种各样的工艺品——他以鼓手的身份进入陆军，以见习军官的身份进入海军，然后严格按照军队的正常晋升制度，获得了所有的军阶——他还经常自娱自乐，游历时，他乔装打扮后混在各行各业的人群中，历史学家记载了很多关于此类的情形，这些都表明他身上有种所谓的孩子气的特质，这在他的性格中尤为突出，而且他的一生都体现出这一点。

有一个事例可以很好地体现这一点，这发生在他去世的前两年。俄国制造的第一艘军舰是一艘小型的帆船，设计和手工完全出自彼得之手。这艘帆船在莫斯科被保存了二三十年。它是彼得非常看重的心爱之物。最终，当帝国的海军完全建立起来以后，彼得突发奇想，要将此船从莫斯科运送到圣彼得堡，并将它永远供奉在那里，以纪念帝国海军在崛起之前的微小开端。他给这个帆船取名"小祖父"，这个名称说明，尽管这艘小船脆弱不起眼，但却是停泊在喀琅施塔得和涅瓦河口附近的大型战舰和护卫舰的始祖。

彼得为"供奉小祖父"安排了盛大的仪式。这艘小船被风光无限地从莫斯科运往圣彼得堡，在那里它被装上一艘平底船送往喀琅施塔得。所有重要的国务大臣和外国公使都被邀请出席供奉仪式。这队人登上为他们准备的游艇，跟随着前方装载在单桅帆船上的"小祖父"顺流而下——战鼓齐鸣、小号响起，一路旗帜飘扬。

沙皇在充当船员的海军上将和副上将的陪同下，来到甲板。海军上将掌舵，副上将划桨。然而，这两位重要官员并没做太多苦力活儿，因为前面还有两艘船做牵引，由身强力壮的男人们划着。这艘小船就这样一路划向大海，当它经过舰队、码头和塔台时，所有的船员都欢呼着向它致敬，所有的船都礼炮齐鸣。

仪式接近尾声时，这艘小船被安置在喀琅施塔得城堡一处预先备好的地方，并在这里又举行了一天的欢宴和庆典，然后一行人乘坐游艇返回城里，留下"小祖父"在这里休息。

彼得死后不久，叶卡捷琳娜遵照彼得之前的安排，被元老和国务大臣们庄严宣布登上皇位，她立刻开始着手行使统治大权。她的统治从实施仁政开始——释放囚犯、召回流放犯，从绞刑架和车轮上移走尸体，从柱子上取下首级，让他们的朋友将他们下葬，赦免政治死刑犯以及缓解和平息由彼得扬善惩恶的严酷理念造成的苦难。然而，叶卡捷琳娜的仁政没有实施多久。丈夫死后两年，她也死了。人们给她举行了非常隆重的葬礼，并被安葬在圣彼得堡某个教堂的规模宏伟的墓穴里，当年她为丈夫修建墓穴时，也为自己建造了这个墓穴。

附录
专有名词英汉对照

Peter the Great	彼得大帝
Theodore	西奥多
Princess Sophia	索菲亚公主
Natalia Alexowna	娜塔莉亚·阿莱索娜
Couvansky	赫万斯基
Mazeppa	马泽帕
Prince Galitzin	伽立津王爷
Thekelavitaw	沙克洛维特
General Menesius	曼尼修斯将军
Menzikoff	缅希科夫
Siberia	西伯利亚
Saardam	萨丹镇
Don River	顿河
Riga	里加
Baltic Sea	波罗的海
Riga Gulf	里加海湾
Prussia	普鲁士
Konigsberg	哥尼斯堡

Dantzic	但泽
King William	威廉国王
Helvoetsluys	海勒福特斯勒斯
Duke of Leeds	利兹公爵
Bishop Burnet	教伯内特
Thames	泰晤士河
Spithead	斯皮特黑德
Vienna	维也纳
Leopold	利奥波德
Venice	威尼斯
Rome	罗马
General Gordon	戈登将军
Charles XII	查理十二世
Narva	纳尔瓦
Augustus	奥古斯都
General Croy	克罗伊将军
St. Petersburg	圣彼得堡
Lake of Ladoga	拉多加湖
Neva	涅瓦河
Castle of Cronstadt	克琅施塔得城堡
Dnieper	第聂伯河
Cossacks	哥萨克人
Pultowa	波尔塔瓦
Bender	本德尔
Empress Catharine	叶卡捷琳娜皇后
Peter Petrowitz	彼得·彼得罗维奇
Prince Alexis	阿列克谢王子
Afrosinia	阿夫罗西尼亚
Libau	里堡城
Alexander Kikin	亚历山大·吉金
Baklanoffsky	巴克拉诺夫斯基